THE MONDAY PASTA CLUB

Ed Barrow

THE MONDAY PASTA CLUB

60 recettes de pâtes pour toutes les occasions

Ed Barrow

hachette
CUISINE

SOMMAIRE

Bienvenue au club 6
À propos des formes de pâtes 12

1. Prêt en 10 à 15 min 18

2. Prêt en 15 à 30 min 50

3. Prêt entre 30 min et 1 h 84

4. Prêt en 1 h et + 128

Index 172
Remerciements 175

BIENVENUE AU CLUB

Jour de mon douzième anniversaire... L'odeur des bougies tout juste soufflées flotte dans l'air et je suis entouré de cartes de vœux et d'une montagne de papier cadeau. Sans le savoir, Paula et Steve (mes parents) viennent d'inaugurer une année d'expérimentation culinaire, car mon premier cadeau est une machine à pâtes flambant neuve. À peine sortie de sa boîte, cette superbe machine est sur le point d'être utilisée pour réaliser des repas douteux, aux résultats que nous qualifierons d'assez « mitigés ». Néanmoins, ma passion pour les pâtes naissait...

Dix ans plus tard, caché au fond d'un placard de cuisine, j'ai redécouvert cet ustensile, beaucoup moins rutilant. Doué d'une plus grande connaissance et, je dois l'admettre, de la même confiance en moi que lorsque j'avais 12 ans, j'ai débarrassé la machine de ses toiles d'araignées et je me suis remis à la confection de pâtes.

La fabrication maison des pâtes ne représente, cependant, que la moitié de mon histoire... voire juste l'introduction. D'ailleurs, j'utilise le plus souvent des pâtes sèches achetées dans le commerce et je les aime tout autant, et je cuisine avec des plats délicieux. Pour moi, les pâtes constituent une genèse. Les prémices de quelque chose qui, avec l'ajout de saveurs et de créativité, devient vraiment très spécial.

The Monday Pasta Club a marqué le début d'une aventure personnelle particulière. Tout a commencé en 2020, sur Instagram®, quand j'ai voulu exprimer mon amour pour la cuisine. Chaque jour, j'étais là et préparais un nouveau plat. Pour moi, le club était le moyen de partager mes recettes. Traditions, techniques, méthodes « à l'italienne » et préparations hors des sentiers battus, je m'affranchissais des règles établies et m'accordais une totale liberté, en me disant parfois : « Les Italiens détesteraient ça ! »

À ma grande surprise, les gens ont suivi. Ils ont commencé à réaliser les recettes et à poster des commentaires élogieux. Chaque lundi, à 17 h, une nouvelle liste d'ingrédients et d'instructions, que j'avais assemblée dans ma cuisine, était partagée au monde entier. Depuis, j'espère ne jamais me lasser d'entendre que quelqu'un tient son amour des pâtes d'une recette trouvée sur la page The Monday Pasta Club.

C'est la raison pour laquelle j'ai écrit ce livre, nouveau médium pour partager ma passion de cet ingrédient au caractère polyvalent, qui naît comme par miracle, d'un mélange de farine, d'œufs et d'eau.

Aucun autre ingrédient ne me captive plus que les pâtes. Elles possèdent un aspect magique. Elles sont humbles et restent discrètement à l'arrière-plan de tant de plats qui n'existeraient tout simplement pas sans elles. Elles peuvent ainsi vite constituer un repas rapide, facile et pourtant délicieux, avec juste quelques ingrédients clés tels que de l'huile d'olive, de l'ail, des tomates et du basilic !

Je désirais partager mon aventure, les lectures et les leçons apprises à ce sujet, mais aussi mes expériences et le temps employé à leur découverte. À travers ce recueil de recettes, j'espère que vous éprouverez le même amour que moi pour tout ce que peut offrir une simple assiette de pâtes. À ce propos, il convient de souligner que les pâtes ne sont pas réservées aux lundis, mais qu'elles constituent aussi :

- **des repas du soir réconfortants en hiver ;**

- **un plat simple et plein de peps à partager avec qui vous aimez ;**

- **un moyen d'impressionner vos amis le vendredi soir au dîner ;**

- **des préparations lentes et pleines d'amour le dimanche après-midi.**

Tout cela, vous le savez probablement déjà.

Mes recettes de pâtes se répartissent en quatre chapitres pour une bonne raison. Vous verrez, en lisant, que les listes d'ingrédients sont de plus en plus longues et les étapes de plus en plus nombreuses. Ainsi, vous pourrez choisir une préparation qui se prête à vos envies et à l'occasion. D'un plat de spaghettis express aux *ragù* plus riches, en passant par les salades rafraîchissantes, vous trouverez toujours une recette à cuisiner.

D'après moi, ce genre de livre doit être davantage considéré comme un guide plutôt qu'une suite de préceptes à suivre servilement. Les recettes ont été conçues pour fonctionner telles quelles, mais elles peuvent aussi être adaptées selon ce qui se trouve dans votre réfrigérateur ou dans vos placards de cuisine, en remplaçant un légume par un autre ou en utilisant des spaghettis à la place des *fettuccine*. Tous les plats ont été conçus à partir de pâtes sèches, mais vous pouvez utiliser des fraîches du commerce ou faites maison. Dans ce cas, doublez le poids de pâtes indiqué. Suivez les recettes à la lettre ou adaptez-les à vos envies.

Astuces avant de commencer

Chaque fois que je cuisine des pâtes à la maison, je recours à quelques astuces pour optimiser le temps passé en cuisine. Peut-être les connaissez-vous déjà, dans ce cas, sautez ce passage et rendez-vous directement au chapitre suivant. Pour ceux qui cherchent des conseils permettant de faire toute la différence, les paragraphes qui suivent sont faits pour vous.

L'art de la cuisson *al dente*

En italien, *al dente* veut littéralement dire « à la dent » pour évoquer le léger croquant que les pâtes conservent lorsqu'elles sont égouttées une ou deux minutes avant d'être cuites à cœur. En d'autres termes, s'il est conseillé, sur le paquet, de « faire cuire les pâtes 9 min dans de l'eau bouillante », arrêtez la cuisson au bout de 8 min.

Dans la plupart des recettes qui suivent, vous remarquerez qu'il est indiqué, dans les dernières étapes, d'égoutter les pâtes, de les verser dans une casserole et de les mélanger avec la sauce, puis de faire chauffer le tout. En effectuant cette dernière « danse » sur le feu, les pâtes atteindront alors leur temps de cuisson complet.

Les pâtes cuites *al dente* conservent davantage leur amidon naturel. Ce dernier assure un mélange plus homogène en épaississant la sauce et en lui permettant de mieux adhérer aux pâtes. Grâce à cette technique, les pâtes et la sauce ne font plus qu'un, ce qui offre une texture beaucoup plus agréable et une merveilleuse sensation en bouche à la dégustation.

La méthode *al dente* relève davantage de l'art que de la science. La forme et l'épaisseur des pâtes, la marque que vous allez utiliser, mais aussi l'intensité à laquelle votre eau va bouillir, joueront à leur tour un rôle sur le temps de cuisson de vos pâtes. Outre le fait de retirer une minute ou deux de votre temps de cuisson, je vous conseille aussi de goûter régulièrement vos pâtes pendant qu'elles cuisent. Lorsqu'elles sont tendres, mais encore un peu fermes à cœur, elles sont cuites *al dente*. Elles ne doivent jamais être dures ou crayeuses.

L'or liquide

Sans doute êtes-vous déjà familier à l'idée de garder un peu d'eau de cuisson des pâtes pour l'utiliser dans la recette. Le fait est qu'en cuisant, les pâtes libèrent de l'amidon dans l'eau, en créant ce que certains appellent de « l'or liquide ». C'est la clé pour réaliser une belle assiette de pâtes. Cela permet de créer une émulsion entre les matières grasses, les fromages et les autres ingrédients utilisés dans votre sauce. En donnant la bonne consistance à la sauce, elle peut mieux napper les pâtes.

Pour créer le meilleur or liquide possible, vous devez saler, beaucoup saler, votre eau de cuisson. N'ayez pas peur d'ajouter une généreuse cuillerée à café de sel dans la casserole. Lorsque vous pensez en avoir trop versé, ajoutez-en encore un peu. Une eau bien salée fera ressortir le meilleur de vos pâtes. Ne vous inquiétez pas, tout ce sel ne finira pas dans votre plat ! Aussi, je vous recommande de goûter et d'assaisonner au fur et à mesure, mais surtout avant de servir.

En ce qui concerne la casserole, je vous conseille d'en utiliser une qui soit suffisamment grande pour assurer une bonne ébullition, sans que l'eau jaillisse et éclabousse votre plaque de cuisson. Je vous conseille également de faire cuire vos pâtes à découvert.

Hacher ou ne pas hacher

Au fur et à mesure que vous progresserez dans ce livre, vous verrez que les ingrédients doivent, tour à tour, être « hachés grossièrement », « râpés finement » ou encore « émincés finement ». Aussi tentant qu'il puisse paraître d'ignorer ces petites instructions, je vous promets qu'elles sont données pour une bonne raison ! En effet, le temps de cuisson d'un oignon haché grossièrement ne sera pas le même que pour celui qui aura été émincé finement.

Il n'est absolument pas crucial de suivre les instructions à la lettre pour chaque recette, mais si vous avez le temps de préparer vos ingrédients comme indiqué, le résultat final n'en sera que meilleur. Toutefois, je vous recommande de suivre au plus près les indications données dans le chapitre 1, qui regroupe les recettes avec un temps de cuisson compris entre 10 et 15 min.

Goûter, encore et toujours !

Manger en cuisinant est pour moi « le privilège du chef », que j'aime accompagner d'un verre de vin (ce n'est pas obligatoire !)

Goûter votre plat alors qu'il cuit, vous permet d'opérer quelques ajustements dans l'assaisonnement, qui feront toute la différence au moment de la dégustation à table. Goûter régulièrement entraîne aussi vos papilles à comprendre comment les différentes saveurs interagissent entre elles. Ainsi, vous pourrez décider de verser un peu de jus de citron pour plus d'acidité ou d'ajouter une pointe de sel et de poivre, afin d'équilibrer le plat. Aucune règle absolue ! À vous d'ajuster le plat à votre goût.

La clé de la recette

Dans chaque chapitre, les recettes végétariennes, à base de produits de la mer ou de viande, sont indiquées comme suit :

VÉGÉ — Recettes végétariennes

MER — Recettes à base de poisson et de fruits de mer

TERRE — Recettes à base de viande

À vous de servir !

Les recettes sont conçues pour servir généreusement 2 personnes. Il se peut qu'il reste quelques cuillerées dans le plat afin de pouvoir vous resservir, ce que j'aime faire en dégustant des pâtes. Toutes les recettes peuvent donc être divisées par deux, doublées ou adaptées selon le nombre de personnes attendues à table.

J'espère que vous aurez autant de plaisir à parcourir cet ouvrage que j'en ai eu à le rédiger. Le petit garçon de douze ans que j'étais serait stupéfait de constater que ses recettes sont consignées ici. D'ailleurs, quelle que soit votre expérience, je vous encourage à vous inspirer du livre de ce dernier pour concocter quelque chose qui plaise aux personnes que vous aimez. Bienvenue au club !

Affectueusement,

Ed

Fondateur de The Monday Pasta Club
et fier de l'être

À PROPOS DES FORMES DE PÂTES

Les formes de pâtes utilisées dans les 60 recettes sont des suggestions. En effet, certaines formes se prêtent mieux que d'autres à certaines sauces. Les pâtes plus larges et plus épaisses telles les *rigatoni* ou les *pappardelle* s'associent très bien avec les sauces riches à base de viande et de *ragù*, tandis que les plus fines, *fregola* ou *tagliolini*, s'accordent avec les sauces plus légères et crémeuses ainsi qu'avec les bouillons. Mais la cuisine ne doit pas se plier à des règles trop strictes. Si vous préférez une forme de pâtes ou si vous en avez une sorte dans votre placard et pas une autre, alors optez pour celle-ci.

Anelli

Ces petites pâtes en forme d'anneaux sont traditionnellement servies dans les soupes et les bouillons. Mes recettes les utilisent d'une façon plus britannique qu'italienne (voir page 60). Toutes les autres formes de petites pâtes, telles les *ditalini* ou les *stelline*, conviennent aussi bien pour les soupes.

Bucatini

Une pâte longue, semblable à un spaghetti plus épais, avec un petit trou au centre qui la traverse de part en part. Ces pâtes sont traditionnellement utilisées dans la recette des *bucatini all'amatriciana*, qui est l'un des quatre plats de pâtes emblématiques à Rome (voir page 41).

Casarecce

Une forme de pâte courte et torsadée, originaire de Sicile. Elle est extrêmement polyvalente et peut aussi bien s'adapter aux sauces crémeuses, à base de fromage ou de viande, qu'elle retient dans ses courbes. Elle pourra être facilement remplacée par des pâtes *gemelli* ou *fusilli*.

Cavatelli

Des petites coquilles semblables aux *gnocchi*. Généralement confectionnées à base de semoule fine et d'eau, ces petites pâtes fermes s'accordent parfaitement avec les sauces et les ingrédients épais, et avec des morceaux, comme mes *Cavatelli* au *cavolo nero* et au lard (voir page 42).

Cannelloni

C'est l'une des plus grandes formes de pâtes que vous puissiez trouver. Ces grands tubes cylindriques sont généralement garnis, empilés, puis cuits jusqu'à ce qu'ils soient dorés et bouillonnants. Ma recette de *cannelloni* renferme des poireaux et du gorgonzola en lieu et place de la farce habituelle aux épinards et à la ricotta (voir page 135).

Conchigliette

Cette variante est la plus petite des *conchiglie*, souvent surnommées « coquillages ». Du fait de la cavité de leur coquille, qui retient les morceaux, elles s'associent à merveille avec les sauces épaisses telles que la *puttanesca*.

Fettuccine

Très populaires dans la cuisine romaine, ces pâtes longues et plates se marient bien avec les sauces épaisses et crémeuses ou avec les *ragù*. Leur forme plate offre une sensation en bouche douce et presque soyeuse. Elles sont très semblables aux tagliatelles, même si ces dernières sont un peu plus larges et abaissées plus finement. Ces deux formes sont interchangeables.

Fregola

Cette pâte typiquement sarde est à mi-chemin entre une céréale et une pâte. Ces petits grains ronds se distinguent par leur goût de noisette. La *fregola* est abaissée, séchée au soleil pour obtenir des nuances jaunes, dorées et brunes. Le couscous perlé israélien peut aisément la remplacer.

Fusilli lunghi

Une variante des très célèbres *fusilli*. Leur forme allongée de tire-bouchon permet de retenir les ingrédients d'une sauce dans les spirales, comme la chair de crabe dans ma recette de *Fusilli lunghi* au crabe, citron vert et piment croustillant (voir page 64).

Garganelli

Traditionnellement roulées à la main, ces pâtes ont une forme tubulaire et des stries profondes idéales pour supporter les sauces épaisses. Elles sont souvent servies avec un riche *ragù*, comme dans ma recette de Tagliatelles, encornet mijoté et citron confit (voir page 150). Les *garganelli* peuvent être remplacées par des *penne*, faciles à trouver dans le commerce.

Gemelli

Cette forme donne l'impression que deux fils de pâte sont entrelacés, ce qui est à l'origine de leur nom. En italien, *gemelli* signifie « jumeaux ». Elles sont en fait constituées d'un long morceau de pâte replié sur lui-même et torsadé. On les utilise généralement en salade, comme dans ma Salade de *gemelli* au fromage de chèvre et à l'oignon rouge caramélisé (voir page 92).

Gnocchi sardi

Ces petites pâtes striées d'origine sarde sont également appelées *malloreddus*. Elles doivent à la semoule fine et l'eau qui les composent leur texture ferme et rebondie, semblable aux *orecchiette* et aux *trofie*.

Lasagnes

Les fameuses grandes feuilles de pâtes que l'on superpose généralement avec de la sauce Béchamel et de la viande mijotée.

Linguine

Une forme de pâte en longueur, similaire à celle des spaghettis, mais plus large et plus plate. Généralement d'une largeur de 4 mm, les *linguine* sont traditionnellement servies avec des sauces telles que le pesto ou associées avec du poisson ou des fruits de mer, à l'instar de mes *Linguine* aux gambas et au piment d'Alep (voir page 33).

Mafalde

Ces longues pâtes en forme de ruban sont également appelées *reginette*, ce qui signifie « petites reines », en l'honneur de la princesse Mafalda de Savoie. C'est l'une des formes de pâtes les plus robustes et les plus épaisses avec des bords froncés, qui adhèrent bien à la sauce.

Macaronis

Ces petites pâtes tubulaires à base de blé dur sont connues pour être cuites au four dans une sauce Béchamel sous beaucoup de fromage. Une forme plus courte et coudée existe, sous le nom d'*elbow macaroni*.

Orecchiette

Ces pâtes emblématiques de la région des Pouilles, dans le Sud de l'Italie, doivent leur nom à leur forme de petite oreille (en italien, *orecchio* signifie « oreille »), pouvant se remplir de sauce. D'autres petites pâtes à base de semoule, telles que les *cavatelli* ou les *trofie*, sont de bons substituts pour obtenir la même texture.

Orzo

Ces pâtes courtes ressemblent à des grains de riz. L'*orzo* est l'une des formes de pâtes les plus polyvalentes, pouvant être préparées en salades ou utilisées à la place du riz dans les recettes de risotto, pour réaliser de somptueux plats de pâtes crémeuses.

Paccheri

Ces pâtes à la forme courte, large et tubulaire, sont idéales pour les sauces avec des morceaux. Les *conchiglioni* (gros coquillages) sont d'autres très grosses pâtes pouvant remplacer les *paccheri*.

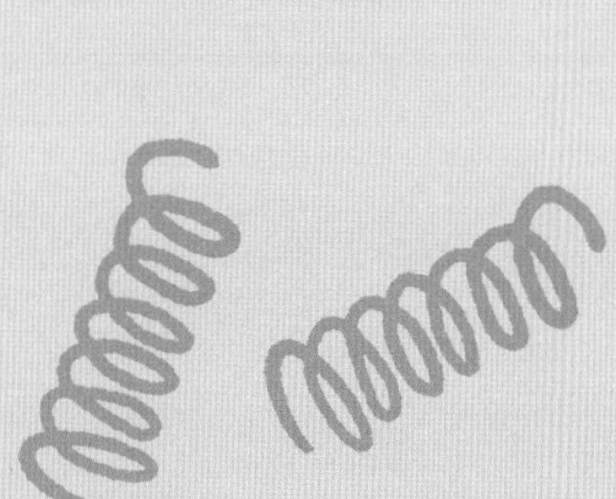

Pappardelle

Des rubans de pâte longs, larges et plats, originaires de Toscane. Leur surface légèrement rugueuse est idéale pour être associée aux sauces épaisses et consistantes que leur taille peut supporter, comme dans mon *Ragù* de jarret de bœuf au merlot (voir page 158).

Penne

C'est un incontournable des placards, avec sa forme cylindrique et ses extrémités biseautées. Les *penne* sont généralement fabriquées à partir de farine de blé et sont extrêmement polyvalentes. On les marie d'habitude à d'épaisses sauces consistantes, à base de tomates.

Pici

Ces longues pâtes épaisses ressembleraient presque à de très gros spaghettis. Elles sont originaires de Toscane et sont fabriquées à base de semoule fine et d'eau, ce qui permet d'obtenir des pâtes fermes avec beaucoup de mordant.

Rigatoni

Ces pâtes tubulaires larges, avec des stries profondes, sont idéales pour accompagner des sauces épaisses et avec beaucoup de texture. Les ingrédients en morceaux dans les recettes telles que mes *Rigatoni* à la saucisse croustillante, au poivron romano et aux piments (voir page 111) équilibrent les textures robustes de la sauce avec les pâtes aussi fermes et volumineuses.

Spaghettis

Des pâtes extrêmement populaires en Europe, comme en Italie. Les longs fils fins donnent une impression de délicatesse et ils se marient très bien avec les sauces les plus légères et les plus crémeuses, ou même avec une simple huile d'olive ou une vinaigrette pimentée. Les spaghettis peuvent également être associés aux sauces plus épaisses, comme dans les pâtes bolognaises.

Tagliatelles

Originaires d'Émilie-Romagne, en Italie, les tagliatelles sont de longs rubans plats, semblables en forme aux *fettuccine*. Traditionnellement d'une largeur de 6 mm, elles ont une texture soyeuse et douce. La cuisson *al dente* rend leur texture plus adhérente pour la sauce.

Tagliolini

Très semblables aux tagliatelles, mais larges de seulement 2 à 3 mm, les *tagliolini* s'accordent bien avec les sauces et les ingrédients délicats, tels que mes *Tagliolini* aux asperges, au pecorino et au citron (voir page 87). Les *capellini* et les cheveux d'ange sont d'excellents substituts, puisque ce sont des pâtes également très fines, délicates et longues.

Trofie

Des pâtes courtes, fines et torsadées, originaires de Ligurie, dans le Nord de l'Italie. Les *trofie* sont roulées à la main, ce qui procure à chaque pâte une longueur et une forme légèrement différentes. Elles sont généralement fabriquées à partir de chutes lors de la confection d'autres pâtes.

Comment choisir vos pâtes

Toutes les pâtes ne se valent pas et la qualité des pâtes séchées du commerce peut varier de façon significative. L'usage d'une farine de très bonne qualité, des méthodes de production supérieures et un temps de séchage prolongé peuvent faire toute la différence lorsqu'il s'agit de démarquer les différentes pâtes du commerce. Dépenser un peu plus pour une gamme supérieure peut réellement améliorer le résultat final.

Ma marque préférée, et celle que j'utilise le plus, est Garofalo®, une entreprise italienne de fabrication de pâtes établie en 1789 sur les pentes du golfe de Naples, dans la ville de Gragnano, connue pour être la patrie des pâtes. Cette firme propose non seulement une très grande variété de types pâtes, mais aussi de formes : des plus traditionnelles aux plus insolites et aux moins connues, que j'utilise dans mes recettes.

Garofalo® utilise de la farine de blé dur robuste et de l'eau de source locale, et façonne les pâtes à l'aide de filières en bronze, ce qui leur confère une surface épaisse et poreuse à laquelle la sauce adhère merveilleusement bien. L'indication géographique protégée « pâtes de Gragnano » assure également une texture et une saveur exceptionnelles, qui ressortent clairement lorsque j'utilise les produits de cette marque dans ma cuisine.

PRÊT EN 10 À 15 MIN

UN

Penne, tomate, beurre

VÉGÉ

150 g de *penne*
40 g de beurre salé
1 grosse gousse d'ail, hachée finement
200 g de tomates cerise, coupées en deux
1 poignée de basilic frais, effeuillé, avec les feuilles gardées entières d'un côté et les tiges ciselées finement de l'autre
Sel et poivre

En plein cœur de l'été, lorsque les tomates sont à leur apogée, cette sauce est ma recette de prédilection. En utilisant des tomates de qualité supérieure, vous obtiendrez une sauce incroyablement douce, enrichie par l'ajout de beurre et de beaucoup de basilic frais.

Plongez les *penne* dans une grande casserole d'eau bouillante salée généreusement. Faites-les cuire *al dente*, en suivant les instructions données sur le paquet.

Pendant ce temps, placez le beurre dans une autre casserole et mettez-le à chauffer à feu moyen. Une fois le beurre fondu, ajoutez l'ail et faites-le frire 1 min, jusqu'à ce qu'il soit bien parfumé. Ajoutez ensuite les tomates et les tiges de basilic ciselées finement. Assaisonnez généreusement avec du sel et du poivre. À l'aide d'un presse-purée, écrasez les tomates afin qu'elles libèrent leur jus. Augmentez à feu vif et laissez mijoter les tomates pendant 5 min, en remuant souvent pour vous assurer qu'elles n'adhèrent pas au fond de la casserole.

Une fois que les tomates se sont ramollies et se sont décomposées, retirez-les du feu et utilisez un mixeur plongeant pour les mixer directement dans la casserole ou transférez-les dans un mixeur ou dans un blender pour les réduire en une purée lisse. Goûtez et rectifiez l'assaisonnement selon votre goût.

Égouttez les pâtes et remettez-les dans la casserole. Déchirez grossièrement la plupart des feuilles de basilic. Versez la sauce dans la casserole avec les pâtes et ajoutez les feuilles de basilic déchirées. Mélangez bien le tout et répartissez la préparation dans deux assiettes creuses, puis garnissez avec les feuilles de basilic restantes.

 Prêt en 10 à 15 min

Pesto à la pistache et au persil

VÉGÉ

150 g de spaghettis
30 g de pignons de pin
90 g de pistaches, écalées et salées
1 grosse poignée de persil plat
45 g de parmesan râpé finement, plus un peu pour servir
8 cl d'huile d'olive vierge extra, plus un peu pour servir
Sel et poivre

Les pistaches et le persil forment une combinaison gagnante pour un pesto ultrafrais, au goût terrien, dans une version légèrement plus légère que le traditionnel *pesto alla genovese*.

Plongez les spaghettis dans une grande casserole d'eau salée généreusement. Faites-les cuire *al dente*, en suivant les instructions données sur le paquet.

Pendant ce temps, faites griller les pignons de pin et les pistaches à sec, dans une petite poêle à frire, à feu moyen, jusqu'à ce qu'ils soient dorés de part et d'autre. Retirez-les de la poêle et réservez-les pour les laisser refroidir.

Placez les pignons de pin et les pistaches dans un grand mortier avec un pilon ou dans le bol d'un mixeur, avec le persil et le parmesan. Versez l'huile d'olive et assaisonnez généreusement avec du sel et du poivre. Broyez ou mixez le tout jusqu'à l'obtention d'un mélange homogène. Si le pesto est trop épais, ajoutez un petit trait d'eau pour le détendre légèrement.

Égouttez les pâtes, en réservant un peu de leur eau de cuisson. Remettez les pâtes dans la casserole, puis ajoutez le pesto et un petit trait d'eau de cuisson réservée. Mélangez ou remuez à feu moyen pendant 1 à 2 min, jusqu'à ce qu'une émulsion se crée entre le pesto et l'eau qui nappe les pâtes. Répartissez les pâtes dans deux assiettes creuses, arrosez d'un trait d'huile d'olive et saupoudrez d'un peu de parmesan.

Prêt en 10 à 15 min

Pappardelle au beurre noisette et à la sauge

VÉGÉ

150 g de *pappardelle*
60 g de beurre salé
20 feuilles de sauge
Noix muscade râpée fraîchement (en poudre)
40 g de parmesan râpé finement
Sel et poivre

Cinq ingrédients sont tout ce qu'il faut pour concocter ce plat profond et savoureux. Le beurre noisette et la saveur terrienne de la sauge constituent une sauce automnale idéale, qu'un peu de parmesan saupoudré viendra parfaire.

Plongez les *pappardelle* dans une grande casserole d'eau salée généreusement. Faites-les cuire *al dente*, en suivant les instructions données sur le paquet.

Pendant ce temps, mettez le beurre dans une grande poêle à frire et mettez-la à chauffer à feu moyen. Lorsque le beurre a fondu et qu'il commence à bouillonner, ajoutez les feuilles de sauge. Faites-les frire 2 à 3 min, jusqu'à ce que les matières solides du beurre commencent à prendre une couleur brun doré. Le beurre doit commencer à sentir la noisette et à presque caraméliser. Retirez la poêle du feu dès qu'il a atteint ce stade. Retirez la moitié des feuilles de sauge et réservez-les pour garnir.

Égouttez les pâtes, puis ajoutez-les au beurre. Assaisonnez généreusement avec du sel et du poivre, puis ajoutez la noix muscade. Remuez pour mélanger le tout de façon homogène et répartissez la préparation dans deux assiettes creuses. Recouvrez chacune d'elles d'un monticule de parmesan et garnissez-les avec les feuilles de sauge réservées.

 Prêt en 10 à 15 min

Spaghettis aux cèpes

VÉGÉ

150 g de spaghettis
20 g de cèpes séchés, hachés très finement
Huile d'olive, pour cuire
200 g de champignons de Paris bruns, tranchés finement
5 cl de vin blanc sec
6 cl (4 cuil. à soupe) de crème liquide légère
40 g de parmesan râpé finement, plus un peu pour servir
Sel et poivre du moulin

Voici un plat tout simple avec une incroyable profondeur et une saveur de terroir apportée par les cèpes séchés. Il suffit de les réhydrater dans de l'eau bouillante pour créer une assiette de pâtes très alléchante.

Plongez les spaghettis dans une grande casserole d'eau bouillante salée généreusement. Faites-les cuire *al dente*, en suivant les instructions données sur le paquet.

Pendant ce temps, réhydratez les cèpes séchés, en les mettant dans un petit bol avec 2 cuil. à soupe d'eau bouillante. Mélangez bien et réservez.

Préparez la sauce, en versant un trait généreux d'huile dans une grande poêle à frire sur un feu vif. Quand c'est chaud, ajoutez les champignons de Paris et faites-les revenir pendant 4 à 5 min, jusqu'à ce qu'ils soient dorés et caramélisés de part et d'autre. Plus ils seront caramélisés, plus la saveur sera intense.

Ajoutez le vin blanc et baissez à feu moyen. Laissez le vin bouillonner pendant 1 min, le temps que l'alcool s'évapore, et grattez doucement le fond de la casserole pour incorporer les sucs caramélisés. Ajoutez ensuite la crème et les cèpes réhydratés avec leur eau de trempage. Incorporez le parmesan et assaisonnez avec du sel et du poivre. Baissez à feu doux et remuez bien le tout. Laissez mijoter jusqu'à ce que les spaghettis aient fini de cuire.

Égouttez les pâtes, en réservant un peu de leur eau de cuisson. Ajoutez les pâtes à la sauce, ainsi qu'un petit trait d'eau de cuisson réservée. Remuez pendant 1 à 2 min, le temps que la sauce épaississe, devienne brillante et nappe les spaghettis. Répartissez-les dans deux assiettes creuses, garnissez d'un peu de parmesan et poivrez.

Salade de pâtes aux asperges, cresson et wensleydale

VÉGÉ

150 g de *conchigliette*
8 pointes d'asperges, émincées dans le sens de la longueur avec une mandoline ou un économe
2 cuil. à soupe d'huile d'olive vierge extra
½ cuil. à soupe de moutarde de Dijon
1 citron bio, zesté, puis coupé en deux pour en presser le jus
2 grosses poignées de cresson
70 g de fromage anglais wensleydale, émietté (ou de cheddar mature)
Sel et poivre

Voici une légère salade de pâtes pour l'été, à servir en accompagnement d'un plat principal cuit au barbecue, lors d'un repas rapide par une soirée ensoleillée. Le fromage de Wensleydale apporte une note délicate et subtile de noisette, qui contrebalance la saveur poivrée du cresson.

Mettez les *conchigliette* dans une grande casserole d'eau bouillante salée généreusement. Faites-les cuire *al dente*, en suivant les instructions données sur le paquet.

1 min avant la fin du temps de cuisson des pâtes, ajoutez les asperges émincées dans la casserole et laissez-les cuire pendant 1 min, jusqu'à ce qu'elles soient tendres. Égouttez le contenu de la casserole, puis placez-le immédiatement sous l'eau froide du robinet. Cela permettra aux asperges de conserver une belle couleur verte et de refroidir les pâtes. Égouttez-les soigneusement.

Pendant ce temps, versez l'huile d'olive dans un grand saladier. Ajoutez ensuite la moutarde, le zeste de citron et un petit trait de jus. Assaisonnez généreusement avec du sel et du poivre. Fouettez bien le tout, jusqu'à ce que le mélange soit homogène, puis ajoutez les pâtes et les asperges égouttées. Recouvrez avec le cresson et les deux tiers du fromage wensleydale (ou du cheddar) émietté. Mélangez délicatement le tout avec de grands couverts à salade. Répartissez la salade dans deux assiettes creuses et garnissez avec le fromage restant.

Prêt en 10 à 15 min

Spaghettis aux anchois et aux câpres

MER

150 g de spaghettis
50 g de beurre salé
8 anchois à l'huile, égouttés et hachés grossièrement
1 cuil. à soupe de câpres, hachées finement
1 petite poignée de persil plat frais, ciselé très finement
1 citron, coupé en deux pour en extraire le jus
Sel et poivre

Une très jolie assiette de spaghettis soulignée par une sauce au beurre à l'anchois et aux câpres. En utilisant dans ce plat des anchois de la meilleure qualité, vous intensifierez les saveurs et sublimerez cette recette.

Plongez les spaghettis dans une grande casserole d'eau bouillante salée généreusement. Faites-les cuire *al dente*, en suivant les instructions données sur le paquet.

Pendant ce temps, préparez la sauce. Placez le beurre dans une grande poêle à frire et faites-le fondre à feu doux. Une fois fondu, ajoutez les anchois et les câpres. Remuez le tout et laissez mijoter à feu très doux, le temps que les spaghettis finissent de cuire, en veillant à ce que le beurre ne brûle pas et que les anchois fondent et s'incorporent.

Égouttez les pâtes, en réservant un peu d'eau de cuisson. Placez les spaghettis dans la poêle à frire et ajoutez un petit trait d'eau de cuisson des pâtes. Ajoutez le persil ciselé et une bonne dose de jus de citron pressé. Assaisonnez généreusement avec du poivre. Faites chauffer à feu vif et remuez le tout. Après 1 min environ, le mélange de beurre, de citron et d'eau des pâtes doit former une sauce qui nappe les spaghettis. Répartissez alors la préparation dans deux assiettes creuses.

Linguine aux gambas et au piment d'Alep

MER

150 g de *linguine*
40 g de beurre salé
3 cuil. à café de flocons de piment d'Alep séché (*pul biber*)
3 gousses d'ail, émincées finement
165 g de gambas crues (grosses crevettes) décortiquées
1 citron, coupé en deux pour en extraire le jus
Sel et poivre

Les flocons de piment d'Alep séché (également connu sous le nom de *pul biber*) ont un goût savoureux, fruité et une chaleur douce qui s'associent parfaitement avec les grosses crevettes charnues. Un trait de citron pressé est ajouté juste avant de servir pour équilibrer le plat.

Plongez les *linguine* dans une grande casserole d'eau bouillante salée généreusement. Faites-les cuire *al dente*, en suivant les instructions données sur le paquet.

Pendant ce temps, faites fondre le beurre dans une grande poêle à frire à feu doux. Quand le beurre a fondu, incorporez les flocons de piment et l'ail. Laissez-les infuser dans le beurre pendant 5 min, à feu très doux pour s'assurer que l'ail ne brûle pas.

Ajoutez ensuite les gambas dans la poêle. Faites-les cuire à feu moyen-doux, en remuant délicatement, pendant environ 3 min ou jusqu'à ce qu'elles deviennent roses de part et d'autre. Maintenez la cuisson à feu doux, et ne les faites pas trop cuire, car elles risqueraient de devenir dures et élastiques.

Égouttez les pâtes et ajoutez-les à la poêle avec les gambas. Pressez un bon trait de jus de citron et assaisonnez bien avec du sel et du poivre. Laissez sur le feu et remuez pendant 1 à 2 min, jusqu'à ce que la préparation soit bien homogène, puis répartissez-la dans deux assiettes creuses.

Prêt en 10 à 15 min

Spaghettis au thon, à la salicorne et au piment

MER

150 g de spaghettis
Huile d'olive, pour cuire
1 gros piment rouge, épépiné et haché finement
2 gousses d'ail, émincées finement
90 g de salicorne
100 g de thon au naturel, poids net égoutté
1 citron bio, zesté, puis coupé en deux pour en extraire le jus
Sel et poivre

L'utilisation d'un thon en conserve de qualité supérieure vous permettra d'obtenir le meilleur plat de pâtes qui soit. Par conséquent, veillez à acheter, dans votre épicerie ou votre magasin d'alimentation, du thon pêché à la ligne de première qualité. La saveur salée de la salicorne fraîche est parfaite dans cette recette, mais vous pouvez la remplacer par des asperges ou des légumes verts à feuilles tels des épinards, si ce n'est pas la saison.

Plongez les spaghettis dans une grande casserole d'eau bouillante salée généreusement. Faites-les cuire *al dente*, en suivant les instructions données sur le paquet.

Pendant ce temps, préparez la sauce. Versez un généreux trait d'huile d'olive dans une grande poêle à frire. Ajoutez le piment et l'ail, et mettez la poêle à chauffer à feu doux. Laissez revenir doucement pendant 5 min, en veillant à ce que l'ail ne brûle pas.

Lorsqu'il reste 3 min de temps de cuisson des spaghettis, plongez la salicorne dans l'eau bouillante et poursuivez la cuisson jusqu'à ce que la salicorne et les pâtes soient cuites *al dente*. Égouttez-les, en réservant un peu d'eau de cuisson.

Ajoutez les spaghettis et la salicorne dans la poêle avec le piment et l'ail, puis versez un petit trait d'eau de cuisson. Incorporez le thon égoutté et un bon trait de jus de citron pressé. Assaisonnez généreusement avec du sel et du poivre. Remuez, puis faites chauffer le tout pendant 2 min environ, jusqu'à ce que le mélange soit homogène.

Goûtez, rectifiez l'assaisonnement, puis répartissez la préparation dans deux assiettes creuses. Garnissez de zeste de citron.

 Prêt en 10 à 15 min

Tagliatelles au saumon fumé et aux poireaux

MER

150 g de tagliatelles
Huile d'olive, pour cuire
1 poireau, paré et nettoyé, puis tranché finement
1 grosse gousse d'ail, hachée finement
4 cuil. à soupe bombées de crème fraîche
Le zeste de 1 citron bio
80 g de saumon fumé, haché grossièrement
Sel et poivre du moulin

Voici une sauce extrêmement savoureuse, créée à partir de poireaux doux, d'ail et de crème fraîche, que le saumon fumé, salé et légèrement acidulé, vient parfaire.

Plongez les tagliatelles dans une grande casserole d'eau bouillante salée généreusement. Faites-les cuire *al dente*, en suivant les instructions données sur le paquet.

Pendant ce temps, préparez la sauce en versant un trait d'huile dans une grande poêle à frire sur un feu moyen-doux. Ajoutez le poireau émincé finement et faites-le revenir pendant 5 min, jusqu'à ce qu'il soit tendre et translucide. Ajoutez l'ail et poursuivez la cuisson pendant 1 min, puis incorporez la crème fraîche et le zeste de citron. Laissez mijoter doucement, le temps que les tagliatelles soient cuites.

Égouttez les pâtes, en réservant un peu de leur eau de cuisson. Ajoutez les pâtes à la sauce en train de mijoter, puis incorporez le saumon fumé. Assaisonnez généreusement avec du poivre, puis avec une petite pincée de sel. Versez un petit trait d'eau de cuisson des pâtes. Remuez et poursuivez la cuisson 1 à 2 min, jusqu'à ce que le saumon soit devenu opaque et les tagliatelles bien enrobées de sauce. Répartissez la préparation dans deux assiettes creuses et donnez quelques tours de moulin à poivre.

Prêt en 10 à 15 min

Spaghettis alle vongole fumés

MER

150 g de spaghettis
Huile d'olive, pour cuire
2 gousses d'ail, émincées finement
1 cuil. à soupe généreuse de pâte de piment *chipotle*
500 g de palourdes fraîches, coquilles nettoyées (jetez toutes celles qui ne se ferment pas quand on les frappe sur le plan de travail)
8 cl de vin blanc sec
1 grosse poignée de persil plat frais, haché grossièrement
Sel et poivre

Cette recette est une revisite des traditionnels spaghettis *alle vongole*, originaires de Naples. L'ajout d'une bonne cuillerée de pâte de piment *chipotle* apporte une chaleur appétissante au plat.

Plongez les spaghettis dans une grande casserole d'eau bouillante salée généreusement. Faites-les cuire *al dente*, en suivant les instructions données sur le paquet.

Pendant ce temps, préparez la sauce, en versant un trait généreux d'huile dans une grande casserole munie d'un couvercle. Mettez-la à chauffer à feu moyen-doux, ajoutez l'ail et faites-le revenir 3 à 4 min, jusqu'à ce qu'il grésille et soit parfumé. Ajoutez alors la pâte de piment *chipotle*, les palourdes et le vin blanc. Assaisonnez généreusement avec du sel et du poivre, puis placez le couvercle sur la casserole. Faites cuire les palourdes à l'étuvée pendant 8 à 10 min, jusqu'à ce qu'elles soient complètement ouvertes. Veillez à ce que le feu ne soit pas trop fort, car les palourdes doivent cuire à petit plutôt qu'à gros bouillon. Les faire bouillir pourrait les rendre dures.

Égouttez les pâtes et ajoutez-les à la casserole contenant les palourdes. Parsemez de persil et remuez bien le tout avant de répartir la préparation dans deux assiettes creuses. Versez un petit trait d'huile d'olive avant de servir.

 Prêt en 10 à 15 min

Bucatini all'amatriciana

TERRE

150 g de *bucatini*
120 g de *guanciale* (joue de porc séchée), sans la peau, coupé en dés de 2 cm
2 cuil. à café de flocons de piment séché
400 g de tomates concassées en conserve
8 feuilles de basilic
50 g de pecorino râpé finement, pour servir
Sel et poivre

Ce grand classique de la cuisine italienne est originaire de la ville d'Amatrice, dans la région du Latium, au nord de Rome. Les morceaux gras de *guanciale* (joue de porc salée) sont fondus, et la graisse qu'ils rendent constitue la base de la sauce. Si vous ne trouvez pas de *guanciale*, vous pouvez le remplacer par de la *pancetta*.

Plongez les *bucatini* dans une grande casserole d'eau bouillante salée généreusement. Faites-les cuire *al dente*, en suivant les instructions données sur le paquet.

Pendant ce temps, préparez la sauce. Mettez le *guanciale* dans une grande poêle à frire à fond épais, sur un feu moyen, puis faites-le revenir pendant 6 min environ. La graisse de la viande doit commencer à fondre. Le *guanciale* va cuire dans la graisse fondue et commencer à dorer et à devenir croustillant. Une fois le *guanciale* bien doré, ajoutez les flocons de piment et les tomates concassées. Mélangez bien le tout, puis assaisonnez avec un peu de sel et beaucoup de poivre. Laissez la sauce mijoter à feu moyen-doux jusqu'à ce que les *bucatini* aient fini de cuire.

Égouttez les pâtes et ajoutez-les à la sauce avec les feuilles de basilic. Mélangez bien et laissez cuire 1 à 2 min le temps que le tout soit homogène. Rectifiez l'assaisonnement, puis répartissez la préparation dans deux assiettes creuses et saupoudrez de pecorino.

Prêt en 10 à 15 min

Cavatelli au cavolo nero et au lard

TERRE

150 g de *cavatelli*
Huile d'olive, pour cuire
6 tranches épaisses de lard fumé, coupées en gros lardons ou 120 g de lardons fumés
40 g de beurre salé
1 piment rouge, épépiné et haché finement
150 g de *cavolo nero* (ou de chou kale), effeuillé et haché grossièrement en morceaux de 5 cm
60 g de parmesan râpé finement, plus un peu pour servir
Sel et poivre

Cette recette est équilibrée et idéale pour un dîner en milieu de semaine. Les lardons, salés et fumés, apportent des saveurs puissantes et le *cavolo nero*, riche en fer, une amertume plaisante.

Plongez les *cavatelli* dans une grande casserole d'eau bouillante salée généreusement. Faites-les cuire *al dente*, en suivant les instructions données sur le paquet.

Pendant ce temps, mettez une grande poêle à chauffer à feu vif. Versez un petit trait d'huile et mettrez les lardons à frire pendant 3 à 4 min, jusqu'à ce qu'ils soient dorés et croustillants. Débarrassez-les alors de la poêle à l'aide d'une écumoire et réservez-les, en laissant la graisse du lard dans la poêle.

Baissez à feu doux et ajoutez le beurre. Lorsqu'il a fondu et qu'il mousse, ajoutez le piment et faites-le revenir pendant 2 min. Ajoutez le *cavolo nero* ainsi qu'un trait d'eau de cuisson, et faites-le tomber pendant quelques minutes, jusqu'à ce qu'il soit tendre et que l'eau se soit évaporée de la poêle.

Égouttez les pâtes, en réservant un peu de leur eau de cuisson. Mettez les pâtes dans la poêle avec le *cavolo nero*. Ajoutez les lardons frits, ainsi qu'un petit trait d'eau de cuisson. Saupoudrez de parmesan et assaisonnez bien avec du sel et du poivre. Laissez fondre le fromage sur les pâtes pendant 1 min, avant de les remuer ou de les mélanger vigoureusement dans le but de créer une émulsion entre l'eau, le fromage et le beurre. Ajoutez un peu d'eau de cuisson pour détendre la sauce, si nécessaire. Répartissez les pâtes dans deux assiettes. Terminez en ajoutant du parmesan et du poivre.

 Prêt en 10 à 15 min

Orecchiette à la pancetta et au gruyère

TERRE

150 g d'*orecchiette*
100 g de *pancetta* coupée en dés
2 jaunes d'œufs
80 g de gruyère râpé finement, plus un peu pour servir
Les feuilles de quelques branches de thym frais
Sel et poivre

La *pancetta* salée et l'onctuosité des jaunes d'œufs et du gruyère constituent une combinaison gagnante dans ce plat. C'est le plat idéal, lorsque vous avez besoin de quelque chose de réconfortant et de rapide pour égayer votre milieu de semaine.

Plongez les *orecchiette* dans une grande casserole d'eau bouillante salée généreusement. Faites-les cuire *al dente*, en suivant les instructions données sur le paquet.

Mettez la *pancetta* dans une poêle à frire froide, puis faites-la chauffer à feu moyen. Faites-la cuire 5 min, le temps qu'elle rende sa graisse. Après 5 min, quand la *pancetta* commence à bien dorer, retirez-la de la poêle à l'aide d'une écumoire (réservez la graisse) et laissez-la refroidir de côté.

Mettez les jaunes d'œufs, le gruyère et le thym dans un petit bol. Poivrez généreusement et ajoutez une petite pincée de sel. Incorporez la *pancetta* refroidie et la graisse réservée, puis fouettez bien le tout. Versez un petit trait d'eau de cuisson des pâtes pour chauffer le mélange à base de jaunes d'œufs.

Égouttez les pâtes, en réservant un peu de leur eau de cuisson. Remettez les pâtes dans la casserole et ajoutez le mélange tiède à base de jaunes d'œufs. Versez un trait généreux d'eau de cuisson et réchauffez le tout à feu doux pendant 1 à 2 min. Le fromage, le jaune d'œuf et la graisse de *pancetta* vont créer une émulsion avec l'eau, en formant une sauce riche et brillante qui nappe les *orecchiette*. Répartissez les pâtes dans deux assiettes et terminez en ajoutant un peu de gruyère.

Prêt en 10 à 15 min

Tagliatelles au jambon cru et aux petits pois

TERRE

150 g de tagliatelles
8 tranches de jambon cru italien, coupées en fines lamelles
3 jaunes d'œufs
60 g de pecorino romano râpé finement, plus un peu pour servir
Le zeste de ½ citron bio
100 g de petits pois surgelés

Une association classique des petits pois avec du jambon cru, sublimée par une sauce à base de jaune d'œuf, telle une carbonara. L'ajout d'un peu de zeste de citron équilibre la sauce crémeuse, ainsi que le pecorino romano acidulé saupoudré avant de servir.

Plongez les tagliatelles dans une grande casserole d'eau bouillante salée généreusement. Faites-les cuire *al dente*, en suivant les instructions données sur le paquet.

Pendant ce temps, mettez le jambon cru à cuire dans une petite poêle à frire froide, placée sur un feu moyen-doux. Faites-le revenir pendant 4 min environ, jusqu'à ce que le jambon ait rendu sa graisse et que la viande commence à dorer par endroits. Débarrassez le jambon et réservez-le.

Pendant que vous saisissez le jambon, mettez les jaunes d'œufs, le pecorino romano et le zeste de citron dans un petit bol. Assaisonnez bien avec du poivre et une petite pincée de sel, puis fouettez bien le tout. Ajoutez un petit trait d'eau de cuisson des pâtes pour chauffer le mélange à base de jaune d'œuf.

Quand il reste 2 min de temps de cuisson pour les tagliatelles, ajoutez les petits pois à l'eau bouillante et continuez la cuisson jusqu'à ce que les pâtes soient *al dente*. Égouttez-les, en réservant un peu de leur eau de cuisson. Remettez les pâtes égouttées et les petits pois dans la casserole et ajoutez le mélange tiède à base de jaunes d'œufs ainsi que le jambon cru. Mélangez bien le tout sur un feu moyen pendant 1 min, en ajoutant au besoin un petit trait d'eau de cuisson pour détendre la sauce jusqu'à ce qu'elle nappe les tagliatelles. Répartissez dans deux assiettes creuses et saupoudrez de pecorino.

 Prêt en 10 à 15 min

Paccheri à la saucisse comme en Toscane

TERRE

150 g de *paccheri*
Huile d'olive, pour cuire
4 saucisses de porc de qualité supérieure, débarrassées de leur peau
6 tomates séchées, hachées finement
2 gousses d'ail, émincées finement
5 cuil. à soupe de crème fraîche épaisse
125 g de jeunes pousses d'épinards
Sel et poivre

Il ne faut qu'une poignée d'ingrédients pour réaliser ce plat de pâtes riche et crémeux. L'utilisation de chair de saucisse mijotée ajoute une réelle saveur et une grande profondeur à la sauce.

Plongez les *paccheri* dans une grande casserole d'eau bouillante salée généreusement. Faites-les cuire *al dente*, en suivant les instructions données sur le paquet.

Pendant ce temps, préparez la sauce. Versez un généreux trait d'huile dans une grande poêle à frire. Mettez-la à chauffer à feu vif, puis placez-y la chair des saucisses. À l'aide d'une cuillère en bois, émiettez la viande en petits morceaux de la taille d'une bouchée, puis faites-la revenir pendant 5 min environ, jusqu'à ce qu'elle soit bien dorée et que les morceaux de saucisse commencent à devenir croustillants. Après 5 min environ, baissez à feu moyen-doux et ajoutez les tomates séchées et l'ail. Faites revenir le tout pendant 1 min, jusqu'à ce que ce soit parfumé, puis ajoutez la crème. Assaisonnez bien avec du sel et du poivre, remuez. Laissez mijoter doucement pendant que les pâtes finissent de cuire.

Égouttez les pâtes, en réservant un peu de leur eau de cuisson. Ajoutez les *paccheri* à la sauce et versez un trait d'eau de cuisson. Ajoutez les jeunes pousses d'épinards et mélangez le tout sur le feu pendant 1 à 2 min, jusqu'à ce que la sauce nappe les pâtes et que les épinards soient tombés. Si la sauce paraît un peu trop épaisse, détendez-la avec un autre trait d'eau de cuisson afin de lui donner la bonne consistance. Répartissez dans deux assiettes creuses.

 Prêt en 10 à 15 min

PRÊT EN 15 À 30 MIN

DEUX

Spaghettis et tomates rôties au balsamique

VÉGÉ

250 g de tomates cerise
1 petit oignon rouge, haché grossièrement
4 cl (3 petites cuil. à soupe) de vinaigre balsamique
Huile d'olive, pour rôtir
10 cl de *passata* (purée de tomates en bouteille)
½ cuil. à soupe de miel
1 cuil. à soupe d'origan séché
150 g de spaghettis
Sel et poivre
Parmesan, pour servir

L'acidité intense du vinaigre balsamique tranche avec la douceur des tomates cerise, qui sont rôties rapidement dans un four très chaud, jusqu'à ce qu'elles éclatent et ramollissent. Elles sont ensuite mixées en une sauce lisse, qui est mélangée aux spaghettis.

Préchauffez le four à 220 °C (th. 7-8) en mode convection naturelle ou à 200 °C (th. 6-7) en mode chaleur tournante et mettez une grande casserole d'eau très salée à bouillir.

Placez les tomates et l'oignon dans un grand plat à rôtir. Versez le vinaigre balsamique sur le dessus, ainsi qu'un gros trait d'huile d'olive. Assaisonnez généreusement avec du sel et du poivre puis enfournez pour 20 min, jusqu'à ce que les peaux soient boursouflées et aient éclaté.

Sortez les tomates du four. Placez environ les trois quarts des tomates dans une grande casserole et réservez le reste. Ajoutez la *passata*, le miel et l'origan. Mettez la casserole à chauffer à feu doux et laissez mijoter doucement pendant que vous faites cuire les pâtes.

Plongez les spaghettis dans une grande casserole d'eau bouillante salée généreusement. Faites-les cuire *al dente*, en suivant les instructions données sur le paquet.

Quand la sauce a mijoté 10 min, versez-la dans un mixeur ou un blender. Mixez jusqu'à l'obtention d'un mélange lisse. Goûtez, rectifiez l'assaisonnement, puis reversez la sauce dans la casserole et faites mijoter à nouveau sur un feu doux.

Égouttez les spaghettis, en réservant un peu d'eau de cuisson. Mettez les spaghettis dans la casserole avec la sauce. Versez un petit trait d'eau de cuisson réservée. Répartissez les pâtes dans deux assiettes. Garnissez avec les tomates rôties restantes et saupoudrez de parmesan.

Paccheri aux courgettes braisées, à la menthe et au mascarpone

VÉGÉ

- 40 g de beurre salé
- 2 grosses gousses d'ail, émincées finement
- 2 courgettes, coupées en rondelles de 1 cm d'épaisseur
- 6 cl (4 cuil. à soupe) de vin blanc sec
- 1 citron bio, zesté, puis coupé en deux pour en extraire le jus
- 1 cuil. à soupe de menthe séchée
- 150 g de *paccheri*
- 125 g de mascarpone
- 1 poignée de feuilles de menthe fraîche, ciselées finement
- Sel et poivre

Le fait d'attendrir les courgettes au point qu'elles se décomposent, et de les cuire dans du vin blanc, permet de créer une base très savoureuse pour cette sauce. Elle est ensuite enrichie avec du mascarpone et garnie de menthe fraîche pour élever tout le plat. Cette recette est parfaite pour l'été, quand les courgettes sont à leur apogée.

Mettez une grande casserole d'eau très salée à bouillir.

Placez le beurre dans une grande poêle à frire et mettez-la sur un feu moyen. Une fois que le beurre a fondu, ajoutez l'ail et faites-le revenir pendant 1 min, jusqu'à ce qu'il soit parfumé. Ajoutez ensuite les courgettes, le vin, une grande partie du zeste de citron et la menthe séchée. Assaisonnez bien avec du sel et du poivre, puis laissez cuire 15 min à feu doux, en remuant régulièrement pour décomposer les courgettes et les attendrir.

Après 15 min, plongez les *paccheri* dans l'eau bouillante salée et faites-les cuire *al dente*, en suivant les instructions données sur le paquet.

Une fois que les courgettes sont très tendres et cuites, ajoutez le mascarpone et remuez bien le tout. Ajoutez un bon trait de jus de citron pressé. Rectifiez l'assaisonnement.

Égouttez les *paccheri*, en réservant un peu de leur eau de cuisson. Ajoutez les pâtes égouttées à la sauce, ainsi qu'un trait d'eau de cuisson et environ 1 cuil. à soupe de menthe fraîche ciselée. Remontez à feu moyen et remuez pendant 1 à 2 min, jusqu'à ce que la sauce nappe les pâtes et que les courgettes soient décomposées. Au besoin, détendez la sauce en ajoutant un trait d'eau de cuisson. Répartissez la préparation dans deux assiettes et garnissez avec le le zeste de citron et la menthe fraîche restants.

Penne, champignons au marsala et chapelure beurre noisette

VÉGÉ

50 g de beurre salé
2 tranches de pain blanc rassis, réduites en fine chapelure à l'aide d'un mixeur
Les feuilles de quelques branches de thym frais
150 g de *penne*
200 g d'un mélange de champignons (enoki, shiitake, champignons de Paris bruns ou pleurotes, toutes les sortes conviennent), déchirés grossièrement en gros morceaux
2 gousses d'ail, émincées finement
6 cl (4 cuil. à soupe) de marsala sec
60 g de parmesan râpé finement
1 citron, coupé en deux pour en extraire le jus
Sel et poivre

Cette recette très luxueuse requiert l'usage de marsala pour faire cuire les champignons. Cette association crée une riche saveur d'umami et sert de base puissante pour la sauce. Le goût de terroir et de noisette des champignons s'accorde parfaitement avec celui de beurre noisette caramélisé de la chapelure.

Mettez une grande casserole d'eau très salée à bouillir.

Commencez par préparer la chapelure. Placez la moitié du beurre dans une poêle à frire, sur un feu moyen. Laissez-le fondre, mousser, puis bouillonner, jusqu'à ce que les bulles disparaissent et qu'il commence à dorer légèrement. Ajoutez alors la chapelure et remuez sans cesse pendant 3 à 4 min, jusqu'à ce qu'elle soit bien dorée et croustillante. Débarrassez la chapelure, incorporez les feuilles de thym et réservez.

Plongez les *penne* dans la casserole d'eau bouillante et faites-les cuire *al dente*, en suivant les instructions données sur le paquet.

Pendant ce temps, mettez le beurre restant à fondre dans la poêle utilisée pour la chapelure. Ajoutez les champignons et faites-les revenir à feu moyen pendant 5 min, jusqu'à ce qu'ils soient tendres et commencent à dorer légèrement. Ajoutez alors l'ail et laissez revenir 1 min avant d'ajouter le marsala. Laissez bouillir le vin à feu vif, jusqu'à réduction de moitié. Éteignez le feu, le temps que les pâtes finissent de cuire.

Au terme de leur cuisson, égouttez les *penne*, en réservant un peu de leur eau de cuisson. Mettez les pâtes dans la poêle avec les champignons et versez un trait d'eau de

cuisson. Saupoudrez de parmesan, puis laissez-le fondre sur les pâtes pendant 30 s. Lorsqu'il commence à fondre, mélangez vigoureusement le tout à feu moyen. Ajoutez un peu d'eau de cuisson jusqu'à ce que le mélange soit homogène et que la sauce ait une belle consistance. Ajoutez un trait de jus de citron et assaisonnez selon votre goût avec du sel et du poivre. Répartissez la préparation dans deux assiettes creuses et saupoudrez généreusement de chapelure.

Orecchiette à l'effiloché de choux de Bruxelles

VÉGÉ

40 g de beurre salé
Huile d'olive, pour cuire
1 petit oignon, haché finement
2 gousses d'ail, hachées finement
200 g de choux de Bruxelles, parés et nettoyés, puis émincés aussi finement que possible
Noix muscade râpée fraîchement (ou en poudre)
1 cuil. à café de flocons de piment séché
150 g d'*orecchiette*
10 cl de crème entière liquide
6 feuilles de sauge, effilochées finement
50 g de parmesan râpé finement, plus un peu pour servir
Sel et poivre

Des choux de Bruxelles qui changent de l'ordinaire. Tout d'abord émincés très finement, ils sont ensuite sautés dans beaucoup de beurre aromatisé à la noix muscade et à la sauge, avant d'être incorporés aux *orecchiette* et enrichis de crème et de parmesan.

Mettez une grande casserole d'eau très salée à bouillir.

Placez le beurre dans une grande poêle à frire sur un feu moyen et versez un trait d'huile Dès que le beurre fondu commence à mousser, ajoutez l'oignon et faites-le revenir 4 min, jusqu'à ce qu'il soit tendre. Ajoutez l'ail et faites-le cuire 1 min avant d'ajouter les choux de Bruxelles émincés. Assaisonnez bien avec du sel et du poivre. Ajoutez un peu de noix muscade râpée, puis les flocons de piment. Faites revenir le tout doucement pendant 10 min, jusqu'à ce que les choux commencent à être tendres.

Après que les choux ont cuit 10 min, plongez les *orecchiette* dans l'eau bouillante salée et faites-les cuire *al dente*, en suivant les instructions données sur le paquet.

Pendant ce temps, incorporez la crème et la sauge dans les choux, puis le parmesan. Mélangez bien et laissez mijoter à feu doux le temps que les pâtes finissent de cuire.

Égouttez les *orecchiette*, en réservant un peu de leur eau de cuisson. Mettez les pâtes dans la poêle avec les choux et versez un trait d'eau de cuisson. Remuez le tout sur le feu, afin que la sauce nappe les *orecchiette*. Au besoin, ajoutez un peu d'eau de cuisson pour détendre la sauce jusqu'à la consistance souhaitée. Goûtez et rectifiez l'assaisonnement, puis répartissez dans deux assiettes et recouvrez de parmesan.

Toast d'anelli

VÉGÉ

Huile d'olive, pour cuire
1 petit oignon blanc, haché finement
2 gousses d'ail, émincées finement
5 grosses tomates prune, coupées en quatre
1 pincée de sucre
2 cuil. à café de vinaigre de vin rouge
150 g d'*anelli*
2 tranches de pain au levain
Beurre, pour tartiner
30 g de parmesan râpé finement
Feuilles de basilic, déchirées
Sel et poivre

Il s'agit, pour moi, d'un plat que je dégustais en rentrant de l'école et qui évoque de nombreux souvenirs. Un plat réconfortant par excellence ! Ma version de cette recette comprend une sauce tomate toute simple, mélangée avec les petits anneaux de pâtes, le tout servi sur une tranche de pain au levain grillée, puis agrémentée de parmesan et de feuilles de basilic frais.

Mettez une grande casserole d'eau très salée à bouillir.

Commencez par préparer la sauce. Versez un filet d'huile dans une grande poêle à frire sur un feu moyen. Ajoutez l'oignon et faites-le revenir 5 min, jusqu'à ce qu'il soit tendre et translucide. Ajoutez l'ail et laissez-le cuire 1 min avant d'ajouter les tomates, le sucre et le vinaigre. Versez un trait d'eau et assaisonnez bien avec du sel et du poivre. Mélangez bien, puis baissez à feu doux et laissez mijoter.

Plongez les *anelli* dans la casserole d'eau bouillante et faites-les cuire *al dente*, en suivant les instructions données sur le paquet.

Quand il reste 5 min de temps de cuisson des pâtes, transférez les tomates et l'oignon dans le bol d'un robot mixeur ou d'un blender. Mixez jusqu'à l'obtention d'un mélange lisse. Versez ce dernier dans la poêle. Vérifiez et rectifiez l'assaisonnement. Placez sur un feu doux et portez à léger frémissement.

Faites griller les tranches de pain au levain et tartinez-les généreusement avec du beurre. Posez-les sur les assiettes.

Égouttez les *anelli* et ajoutez-les à la sauce. Mélangez le tout 30 s sur le feu, avant de dresser le mélange sur chaque toast. Recouvrez de parmesan et de basilic.

Tagliolini au rouget poêlé, piment et estragon

MER

Huile d'olive, pour cuire
1 grosse gousse d'ail, émincée finement
1 piment rouge, épépiné et haché finement
3 cuil. à soupe de concentré de tomates
8 cl de crème entière liquide
150 g de *tagliolini*
4 filets de rouget ou de vivaneau, levés avec la peau
1 petite poignée d'estragon frais, ciselé finement
1 petite poignée de persil plat frais, ciselé finement
1 citron, coupé en deux, pour presser
Sel et poivre

Voici un plat très élégant et visuellement impressionnant, qui est étonnamment simple à réaliser. La chair douce et tendre du rouget est associée au feu chaleureux du piment et à une sauce crémeuse rehaussée d'herbes fraîches.

Mettez une grande casserole d'eau très salée à bouillir.

Versez un généreux trait d'huile dans la poêle à frire sur un feu moyen-doux. Ajoutez l'ail et le piment, puis faites-les revenir 3 min, jusqu'à ce que cela grésille et soit parfumé. Incorporez ensuite le concentré de tomates et la crème, puis assaisonnez bien avec du sel et du poivre. Mélangez bien le tout, puis éteignez le feu et réservez.

Plongez les *tagliolini* dans l'eau bouillante salée et faites-les cuire *al dente,* en suivant les instructions du paquet.

Pendant ce temps, mettez une autre poêle à frire à chauffer à feu moyen-vif. Assaisonnez chaque filet de poisson avec du sel et du poivre, puis frottez chaque côté avec un peu d'huile. Quand la poêle est chaude, placez les filets dedans, côté peau vers le bas, puis faites-les sauter 3 min ou jusqu'à ce que la peau commence à dorer et à devenir croustillante sur les bords. Retournez les filets et faites-les sauter 1 min de l'autre côté. Débarrassez-les et laissez-les reposer le temps que les pâtes finissent de cuire.

Égouttez les *tagliolini*, en réservant un peu d'eau de cuisson. Remettez la sauce sur un feu moyen. Ajoutez les pâtes égouttées ainsi qu'un bon trait d'eau de cuisson. Incorporez l'estragon, le persil, puis versez un bon trait de jus de citron. Remuez sur le feu, pendant 1 à 2 min, jusqu'à ce que le mélange soit homogène et que la sauce nappe les pâtes. Répartissez-les dans deux assiettes creuses avec le filet sur le dessus.

Fusilli lunghi au crabe, citron vert et piment croustillant

MER

35 g de beurre salé
½ bulbe de fenouil, émincé finement
1 grosse gousse d'ail, émincée finement
½ piment rouge, épépiné et haché finement
150 g de *fusilli lunghi*
100 g d'un mélange de chair et pinces de crabe
1 citron vert bio, zesté, puis coupé en deux pour en extraire le jus
2 cuil. à soupe de persil plat frais ciselé finement
Huile pimentée croustillante, pour servir
Sel et poivre

Le crabe est un allié classique des pâtes. Toutefois, ce plat secoue la tradition, avec l'addition de zeste et de jus de citron vert. Pour couronner le tout, versez un peu d'huile pimentée sur les pâtes avant de les servir.

Mettez une grande casserole d'eau très salée à bouillir.

Placez le beurre dans une grande poêle à frire à feu moyen-doux. Quand il a fondu et qu'il mousse, ajoutez le fenouil et faites-le revenir 4 min, jusqu'à ce qu'il soit tendre. Incorporez ensuite l'ail et le piment, puis faites revenir 2 min le temps que le tout soit parfumé.

Ajoutez les *fusilli lunghi* dans la casserole d'eau bouillante et faites-les cuire *al dente,* en suivant les instructions données sur le paquet.

Pendant ce temps, ajoutez le crabe dans la poêle à frire et mélangez le tout. Assaisonnez avec du sel et du poivre, puis ajoutez le zeste de citron vert. Versez ensuite un petit trait d'eau de cuisson des pâtes pour donner à la chair de crabe la consistance d'une sauce. Baissez à feu doux et laissez mijoter jusqu'à ce que les pâtes soient cuites.

Égouttez les *fusilli lunghi* et mettez-les dans la poêle avec la sauce. Versez un bon trait de jus de citron vert pressé, puis ajoutez le persil ciselé. Remuez bien le tout sur le feu pendant 1 min. Répartissez la préparation dans deux assiettes creuses et garnissez avec une cuillerée d'huile pimentée croustillante.

Orzo au citron confit et aux gambas

MER

Huile d'olive, pour cuire
2 gousses d'ail, émincées finement
1 cuil. à café de flocons de piment séché
2 cuil. à soupe de concentré de tomates
400 g de tomates concassées en conserve
½ citron confit, haché très finement
150 g d'*orzo*
165 g de gambas crues (ou grosses crevettes), décortiquées
30 g de beurre salé
1 petite poignée de persil plat frais, ciselé finement
Sel et poivre

Le citron confit apporte une saveur d'agrume beaucoup plus subtile et moins acide au plat. Un profil aromatique bien plus complexe, qui s'accorde à merveille avec les gambas, en permettant à leur douceur de se révéler.

Mettez une grande casserole d'eau très salée à bouillir.

Versez un filet d'huile dans une grande poêle à frire sur un feu moyen-doux et faites revenir l'ail avec les flocons de piment, pendant 3 min, jusqu'à ce qu'il grésille et soit parfumé.

Ajoutez le concentré de tomates, les tomates concassées et le citron confit. Assaisonnez avec du sel et du poivre, puis mélangez bien le tout. Laissez mijoter à feu moyen-doux, en continuant de remuer régulièrement.

Pendant que la sauce mijote, plongez l'*orzo* dans l'eau bouillante salée et faites-le cuire *al dente*, en suivant les instructions données sur le paquet.

Lorsqu'il reste 3 min de temps de cuisson pour l'*orzo*, ajoutez les gambas et le beurre dans la sauce. Baissez à feu doux et laissez mijoter à petit bouillon pendant 2 à 3 min, jusqu'à ce que les gambas tournent au rose, en veillant à ne pas trop les faire cuire en les faisant bouillir.

Égouttez l'*orzo* puis mettez-le dans la poêle avec la sauce. Ajoutez ensuite le persil fraîchement ciselé. Remuez et servez dans deux assiettes creuses.

Rigatoni au saumon fumé épicé, fenouil et mascarpone

MER

Huile d'olive, pour cuire
40 g de beurre salé
1 gros échalion, ciselé finement
½ bulbe de fenouil, haché très finement
150 g de *rigatoni*
1 cuil. à soupe de câpres, hachées grossièrement
5 cl de vin blanc sec
125 g de mascarpone
2 filets de saumon fumé à chaud, coupés en gros pétales
Le zeste de 1 citron bio
1 petite poignée de frondes d'aneth, ciselées très finement
Sel et poivre

L'association du fenouil et du saumon fumé fonctionne merveilleusement bien dans ce plat. La subtile saveur anisée du fenouil, cuite doucement dans le beurre, s'accorde parfaitement au caractère fumé du saumon.

Mettez une grande casserole d'eau très salée à bouillir.

Faites chauffer un généreux trait d'huile avec le beurre dans une grande poêle à frire à feu moyen-doux. Quand c'est chaud, ajoutez l'échalion et le fenouil, puis faites-les suer 10 min environ, en remuant régulièrement, jusqu'à ce qu'ils soient bien tendres et translucides.

Plongez les *rigatoni* dans la casserole d'eau bouillante et faites-les cuire *al dente,* en suivant les instructions données sur le paquet.

Pendant ce temps, ajoutez les câpres et le vin dans la poêle avec les légumes. Augmentez à feu vif pour faire bouillonner le vin et permettre à l'alcool de s'évaporer. Ajoutez le mascarpone et assaisonnez bien avec du poivre et un peu de sel. Mélangez bien le tout et laissez mijoter à feu doux.

Au terme de leur cuisson, égouttez les *rigatoni*, en réservant un peu de leur eau de cuisson. Mettez-les dans la poêle avec la sauce puis ajoutez un petit trait d'eau de cuisson. Ajoutez la plupart des pétales de saumon, le zeste de citron et l'aneth. Remuez le tout sur le feu pendant 1 à 2 min, le temps que la sauce épaississe et nappe les pâtes. Si nécessaire, ajoutez un peu d'eau de cuisson pour détendre la sauce. Répartissez dans deux assiettes creuses et recouvrez avec le saumon restant.

Tagliatelles safranées aux moules

MER

1 grosse pincée de pistils de safran
Huile d'olive, pour cuire
1 gros échalion, haché finement
1 grosse gousse d'ail, émincée finement
150 g de tagliatelles
600 g de moules nettoyées et ébarbées (jetez toutes celles qui ne se referment pas après les avoir frappées sur le plan de travail)
10 cl de vin blanc sec
8 cl de crème liquide légère
3 cuil. à soupe de ciboulette ciselée finement
Sel et poivre

La délicate saveur des moules requiert une sauce tout aussi raffinée pour les accompagner. C'est exactement ce que propose ce plat. Le safran a un goût profond, complexe mais également très doux, qui s'accorde très bien avec les moules et la ciboulette fraîche.

Mettez une grande casserole d'eau très salée à bouillir. Déposez le safran dans un petit bol, puis ajoutez 3 cuil. à soupe d'eau bouillante pour faire infuser les stigmates.

Dans le même temps, versez un généreux trait d'huile dans une grande casserole avec un couvercle. Placez-la sur un feu moyen-doux, puis ajoutez l'échalion et l'ail. Remuez bien et faites-les revenir 4 min, jusqu'à ce qu'ils soient tendres.

Plongez les tagliatelles dans l'eau bouillante salée et faites-les cuire *al dente*, en suivant les instructions données sur le paquet.

Pendant ce temps, incorporez les moules ainsi que le vin au mélange d'échalion et d'ail. Mélangez bien, puis placez le couvercle sur la casserole. Laissez cuire à feu moyen-doux, en remuant de temps à autre. Veillez à ne pas faire cuire les moules trop vite ni trop fort, car elles deviendraient trop dures et élastiques. Lorsque les moules sont ouvertes, ajoutez la crème et le safran infusé avec son eau de trempage. Remuez le tout et retirez du feu en attendant que les pâtes soient cuites.

Égouttez les pâtes et remettez-les dans la casserole avec les moules et la sauce crémeuse. Ajoutez la ciboulette et assaisonnez bien avec du poivre et un petit peu de sel, selon votre goût. Mélangez pendant 1 min sur le feu, puis répartissez la préparation dans deux assiettes.

Fregola au chorizo et aux tomates séchées avec du bar poêlé

MER

Huile d'olive, pour cuire
1 petit oignon blanc, haché finement
100 g de chorizo, coupé grossièrement en dés de 2 cm
60 g de tomates séchées, hachées grossièrement en morceaux de la taille d'une bouchée
2 cuil. à soupe de concentré de tomates
200 g de tomates cerise, coupées en deux
150 g de *fregola*
2 filets de bar, levés avec la peau
1 citron, coupé en deux, pour en extraire le jus
10 feuilles de coriandre
Sel et poivre

Ce plat est parfait pour un soir d'été. La *fregola* est servie dans une sauce douce, mais fumée, réalisée à partir de tomates cerise fraîches et de chorizo à la saveur fumée caractéristique. Cela s'accorde parfaitement avec le filet de bar à la peau croustillante et à la chair tendre.

Mettez une grande casserole d'eau très salée à bouillir.

Commencez par préparer la sauce. Faites chauffer un trait généreux d'huile dans une grande poêle à frire à feu moyen. Ajoutez l'oignon et faites-le revenir 4 min, jusqu'à ce qu'il commence à devenir translucide. Ajoutez le chorizo et faites-le sauter 2 min, afin qu'il rende un peu de son huile. Ajoutez les tomates séchées, le concentré de tomate et les tomates cerise. Assaisonnez bien avec du sel et du poivre, puis mélangez bien. Laissez mijoter à feu moyen-doux pendant que vous faites cuire les pâtes.

Plongez la *fregola* dans la casserole d'eau bouillante et faites-la cuire *al dente*, en suivant les instructions données sur le paquet.

Pendant ce temps, arrosez les filets de bar avec un peu d'huile d'olive et assaisonnez-les avec du sel et du poivre. Mettez une autre poêle à chauffer à feu vif. Quand elle est chaude, ajoutez les filets de bar. Faites-les cuire, peau vers le bas, pendant environ 4 min ou jusqu'à ce que la peau commence à bien dorer. Retournez les filets et faites-les cuire côté chair pendant 1 min. Retirez-les du feu et laissez-les reposer le temps de finir les pâtes.

Égouttez la *fregola* et mettez-la dans la sauce, avec un bon trait de jus de citron. Mélangez sur le feu jusqu'à l'obtention d'un mélange homogène. Vérifiez l'assaisonnement. Répartissez dans deux assiettes creuses et déposez un filet de bar sur le dessus avec quelques feuilles de coriandre.

 Prêt en 15 à 30 min

Tagliatelles aux pleurotes, jambon cru croustillant et gruyère

TERRE

8 tranches de jambon cru italien
150 g de tagliatelles
200 g de pleurotes, déchirés grossièrement, en ôtant les éventuels gros pieds
40 g de beurre salé
1 gros échalion, haché finement
1 grosse gousse d'ail, émincée finement
5 cl de vin blanc sec
80 g de gruyère, râpé finement
1 petite poignée de persil plat frais, ciselé finement
Sel et poivre

Il suffit de placer les tranches de jambon cru sous le gril, afin de les rendre croustillantes. On obtient alors une texture croustillante et salée, qui contraste parfaitement avec la consistance douce et veloutée des pleurotes.

Mettez une grande casserole d'eau très salée à bouillir.

Pendant ce temps, préparez le jambon cru croustillant. Préchauffez le gril du four à température moyenne. Étalez les tranches de jambon cru sur une plaque de cuisson. Faites-les griller 2 à 3 min environ, jusqu'à ce qu'elles commencent à croustiller et que les bords blancs dorent. Quand elles sont croquantes, débarrassez-les et déposez-les sur une plaque recouverte de papier absorbant, puis réservez.

Plongez les tagliatelles dans la casserole d'eau bouillante et faites-les cuire *al dente*, en suivant les instructions données sur le paquet.

Mettez les pleurotes dans une poêle à frire sans matière grasse, puis faites-les sauter à feu vif pendant quelques minutes, jusqu'à ce qu'ils soient tendres et bien dorés. Retirez-les de la poêle et réservez-les. Baissez à feu moyen, puis mettez le beurre, l'échalion et l'ail dans la poêle. Laissez cuire 4 à 5 min, jusqu'à ce qu'ils soient tendres. Versez le vin, laissez-le bouillonner 1 min, le temps que l'alcool s'évapore, puis remettez les champignons dans la poêle et remuez bien le tout.

Quand les tagliatelles sont cuites, égouttez-les et réservez un peu de leur eau de cuisson. Mettez les pâtes dans la sauce, en même temps qu'un trait généreux d'eau de cuisson. Incorporez le gruyère et assaisonnez avec du sel et du poivre. Laissez chauffer 30 s sans rien toucher, afin que le fromage fonde sur les pâtes. À ce stade, ajoutez le persil ciselé et remuez immédiatement le tout sur le feu, pendant 1 min, jusqu'à ce que le fromage, le vin et l'eau de cuisson créent une émulsion qui nappe les pâtes. Répartissez dans deux assiettes creuses, puis parsemez de petits morceaux de jambon cru croustillant sur le dessus.

Mafalde au fenouil, saucisse et harissa

TERRE

1 cuil. à soupe de graines de fenouil
Huile d'olive, pour cuire
4 saucisses de porc de qualité supérieure, débarrassées de leur peau
30 g de beurre salé
1 petit oignon blanc, haché finement
1 grosse gousse d'ail, hachée finement
3 cuil. à soupe de harissa
1 cuil. à soupe d'origan séché
1 cuil. à soupe de concentré de tomates
400 g de tomates concassées en conserve
150 g de *mafalde*
1 grosse poignée de feuilles de basilic frais, déchirées
Sel et poivre

La harissa, chaude et épicée, s'accorde parfaitement avec la saveur anisée, subtile et douce, du fenouil.

Mettez une grande casserole d'eau très salée à bouillir.

Placez les graines de fenouil dans une autre grande casserole. Faites-les revenir pendant 2 min à feu moyen, jusqu'à ce qu'elles soient légèrement dorées et parfumées. Versez un bon trait d'huile, puis ajoutez les saucisses. À l'aide d'une cuillère en bois, cassez les saucisses en morceaux de la taille d'une bouchée. Faites dorer la viande pendant 4 min environ, sans remuer ni bouger la poêle, ce qui assure une meilleure coloration et rend la saveur de la sauce plus complexe. Une fois la viande bien dorée, retirez-la avec une écumoire et réservez-la, en laissant l'huile dans la casserole.

Plongez les *mafalde* dans l'eau bouillante salée et faites-les cuire *al dente*, en suivant les instructions du paquet.

Pendant ce temps, préparez la sauce. Mettez le beurre et l'oignon dans la casserole ayant servi à la cuisson de la saucisse. Faites-le revenir 4 min, jusqu'à ce qu'il commence à s'attendrir. Ajoutez l'ail, la harissa et l'origan séché. Laissez cuire 1 min, en remuant bien le tout. Ajoutez le concentré de tomates et les tomates concassées, puis la saucisse cuite. Assaisonnez bien avec du sel et du poivre, puis laissez mijoter doucement jusqu'à ce que les pâtes soient cuites.

Égouttez les *mafalde*, en réservant un peu d'eau de cuisson. Mettez-les dans la sauce avec un bon trait d'eau de cuisson. Remuez le tout sur le feu pendant 1 à 2 min, en ajoutant au besoin un peu d'eau de cuisson pour créer une sauce brillante qui nappe les pâtes. Répartissez dans deux assiettes creuses avec les feuilles de basilic sur le dessus.

Trofie à la pancetta, à la courgette et au citron

TERRE

- 120 g de *pancetta* coupée en dés
- 150 g de *trofie*
- 40 g de beurre salé
- 2 courgettes, coupées dans la diagonale en rondelles de 1 cm
- 2 grosses gousses d'ail, émincées finement
- 1 petite poignée de feuilles de menthe fraîche, ciselées finement, plus un peu pour servir
- 1 citron bio, zesté, puis coupé en deux pour en extraire le jus
- 100 g de mascarpone
- Parmesan râpé finement
- Sel et poivre

Le zeste de citron frais et la menthe ciselée finement ajoutés à la sauce de ces pâtes relèvent tout le plat et contrebalancent parfaitement le caractère riche et gras de la *pancetta*. Si vous parvenez à trouver des courgettes jaunes et vertes, le mélange est très graphique. Une recette de pâte très équilibrée.

Mettez une grande casserole d'eau très salée à bouillir.

Placez la *pancetta* dans une poêle à frire froide, sur un feu moyen-vif. Faites-la sauter environ 5 min, en remuant de temps à autre, pour vous assurer que la *pancetta* dore bien sur chaque face et commence à croustiller. Retirez-la à l'aide d'une écumoire et laissez la graisse dans la poêle.

Plongez les *trofie* dans l'eau bouillante et faites-les cuire *al dente*, en suivant les instructions données sur le paquet.

Pendant ce temps, ajoutez le beurre à la graisse de *pancetta* dans la poêle. Mettez-la à chauffer à feu moyen. Ajoutez les courgettes et faites-les revenir pendant 3 min environ, jusqu'à ce qu'elles s'attendrissent et caramélisent légèrement. Ajoutez l'ail, la menthe ciselée et le zeste de citron. Faites revenir le tout 1 min, avant d'ajouter le mascarpone. Versez un petit filet d'eau de cuisson et un bon trait de jus de citron pressé. Mélangez jusqu'à ce que le mascarpone fonde et crée une sauce. Assaisonnez bien avec du sel et du poivre, puis baissez à feu doux et laissez mijoter doucement, le temps que les pâtes cuisent.

Égouttez les *trofie* et réservez un peu d'eau de cuisson. Mettez-les dans la casserole avec la sauce . Ajoutez un trait d'eau de cuisson. Remuez 1 à 2 min, sur le feu, pour obtenir une sauce brillante qui nappe les pâtes. Répartissez dans deux assiettes, puis recouvrez de parmesan et de menthe.

Rigatoni à la saucisse, au chou kale et au piment

TERRE

Huile d'olive, pour cuire
4 saucisses de porc de qualité supérieure, débarrassées de leur peau
1 petit oignon blanc, taillé en tout petits dés
150 g de *rigatoni*
2 gousses d'ail, émincées finement
1 piment rouge, épépiné et haché finement
1 cuil. à café de flocons de piment séché, plus un peu pour servir
2 cuil. à soupe de concentré de tomates
150 g de feuilles de chou kale frisé, équeuté et effiloché
7,5 cl (5 cuil. à soupe) de crème entière liquide
Sel et poivre

La viande de porc, riche et charnue, s'accorde très bien avec la saveur agréablement acidulée du chou kale riche en fer, et le piment rouge rehausse ce plat de pâtes très réconfortant.

Mettez une grande casserole d'eau très salée à bouillir.

Versez un bon trait d'huile dans une autre grande casserole sur un feu vif. Quand l'huile est chaude, ajoutez les saucisses et utilisez une cuillère en bois pour les casser en morceaux de la taille d'une bouchée. Faites bien dorer la viande pendant 5 min environ, sans remuer ni secouer la poêle, ce qui assure la formation d'une croûte caramélisée et crée une saveur plus complexe. Quand la viande est bien dorée, retirez-la à l'aide d'une écumoire. Ajoutez l'oignon dans la casserole et versez un généreux trait d'huile. Baissez à feu moyen-doux et faites-le revenir pendant 5 min, le temps de l'attendrir.

Plongez les *rigatoni* dans l'eau bouillante et faites-les cuire *al dente*, en suivant les instructions données sur le paquet.

Ajoutez l'ail, le piment frais et les flocons de piment séché à l'oignon que vous avez fait suer, puis laissez cuire 1 min. Incorporez le concentré de tomates et le kale, puis versez un grand trait d'eau de cuisson des pâtes. Faites cuire le kale jusqu'à ce qu'il commence à tomber. Ajoutez la crème, puis remettez la saucisse dans la casserole et assaisonnez avec du sel et du poivre. Laissez mijoter doucement, le temps que les pâtes finissent de cuire.

Égouttez les *rigatoni*, en réservant un peu d'eau de cuisson. Mettez les pâtes dans la sauce et mélangez 1 à 2 min sur le feu. Au besoin, versez un trait d'eau de cuisson pour que la sauce ait la bonne consistance et nappe les pâtes. Dressez deux assiettes et ajoutez une pincée de flocons de piment.

TROIS

PRÊT ENTRE 30 MIN ET 1 H

Tagliolini aux asperges, au pecorino et au citron

VÉGÉ

35 g de beurre salé
½ poireau, paré, nettoyé et émincé finement
2 petites gousses d'ail, émincées finement
Les feuilles de quelques branches de thym frais
6 cl (4 cuil. à soupe) de vin blanc sec
12 cl de crème fraîche ou aigre
2 cuil. à café de moutarde de Dijon
Noix muscade râpée fraîchement (ou en poudre)
150 g de *tagliolini*
1 botte d'asperges vertes, extrémités ligneuses ôtées
60 g de pecorino romano râpé finement, plus un peu pour servir
1 citron, coupé en deux pour en extraire le jus
Sel et poivre

Ce plat est à base de poireau cuit lentement, légèrement aromatisé à la moutarde et à la noix muscade, agrémenté de pecorino romano piquant et garni d'asperges. Parfait pour un repas du soir au printemps, quand les asperges sont de saison.

Placez le beurre dans une grande poêle à frire sur un feu doux. Quand le beurre a fondu, mettez le poireau avec l'ail et les feuilles de thym dans la poêle, puis faites-le suer pendant 20 min environ, jusqu'à ce que le poireau soit complètement tendre et translucide.

Mettez une grande casserole d'eau très salée à bouillir.

Pendant ce temps, versez le vin sur le poireau et augmentez à feu vif. Faites bouillir le vin 1 à 2 min pour que l'alcool s'évapore. Ajoutez la crème fraîche, la moutarde de Dijon et un peu de noix muscade râpée (ou en poudre). Baissez à feu doux et mélangez bien le tout. Laissez mijoter doucement pendant que les pâtes cuisent.

Plongez les *tagliolini* dans la casserole d'eau bouillante et faites-les cuire *al dente*, en suivant les instructions données sur le paquet. Quand il reste 4 min de temps de cuisson, plongez les asperges dans l'eau bouillante, jusqu'à ce qu'elles soient juste tendres.

Égouttez les *tagliolini* et les asperges, en réservant un peu de leur eau de cuisson.

La suite page 88...

Prêt entre 30 min et 1 h

Mettez les pâtes dans la sauce, en gardant les asperges de côté, le temps de finir la sauce.

Parsemez le pecorino romano sur les *tagliolini* dans la poêle, pressez un peu de jus de citron et versez un trait généreux d'eau de cuisson. Assaisonnez bien avec du sel et du poivre. Laissez le fromage fondre sur les *tagliolini* pendant 30 s. Remuez ensuite vigoureusement sur le feu pendant 1 min, jusqu'à ce que la sauce s'émulsionne et nappe les pâtes. Ajoutez encore un peu d'eau de cuisson, si la sauce doit être détendue pour arriver à la bonne consistance crémeuse. Répartissez dans deux assiettes creuses, recouvrez avec les asperges, puis saupoudrez de pecorino.

Rigatoni à l'aubergine « brûlée »

VÉGÉ

1 grosse aubergine
Huile d'olive vierge extra, pour cuisiner et arroser
1 petit oignon rouge, émincé finement
1 poivron rouge, émincé finement
1 grosse gousse d'ail, émincée finement
½ cuil. à café de flocons de piment séché
1 petite poignée de basilic frais, feuilles et tiges séparées
1 cuil. à soupe de concentré de tomates
200 g de *passata* (purée de tomates en bouteille)
½ cuil. à soupe vinaigre de vin rouge
1 cuil. à café de sucre semoule
150 g de *rigatoni*
Sel et poivre

Inspiré de la recette traditionnelle sicilienne des pâtes *alla Norma*, cette version requiert de faire rôtir et griller l'aubergine avant de l'ajouter à la sauce. En faisant « brûler » l'aubergine entière et avec la peau, sa chair cuit à l'étouffée, ce qui rend sa texture tendre et offre à sa saveur une note fumée subtile qui infuse la sauce.

Préchauffez le four à 220 °C (th. 7-8) en mode convection naturelle ou à 200 °C (th. 6-7) en mode chaleur tournante. Placez l'aubergine sur une plaque de cuisson. Arrosez-la avec un filet d'huile et étalez cette dernière sur la peau de l'aubergine. Enfournez pour 25 min. La peau doit être fripée et brûlée, et la chair complètement tendre. Sortez-la du four, coupez-la en deux dans le sens de la longueur et laissez-la refroidir.

Versez un généreux trait d'huile dans une grande casserole munie d'un couvercle. Placez-la sur un feu moyen-doux et ajoutez l'oignon et le poivron rouge. Faites-les revenir 5 min, jusqu'à ce qu'ils deviennent tendres. Ajoutez l'ail et laissez-le cuire 1 min avant d'ajouter les flocons de piment. Ciselez finement les tiges de basilic et ajoutez-les à la casserole. Mélangez bien, puis incorporez le concentré de tomates, la *passata*, le vinaigre et le sucre. Assaisonnez généreusement avec du sel et du poivre, puis baissez à feu doux et laissez mijoter doucement, en remuant de temps à autre.

Mettez une grande casserole d'eau très salée à bouillir.

La suite page 90...

Prêt entre 30 min et 1 h

Récupérez la chair tendre de l'aubergine à l'aide d'une cuillère et hachez-la grossièrement. Ajoutez-la à la casserole avec la sauce, puis mélangez bien. Posez le couvercle sur la casserole et laissez mijoter doucement pendant que vous faites cuire les pâtes.

Plongez les *rigatoni* dans l'eau bouillante et faites-les cuire *al dente*, en suivant les instructions données sur le paquet.

Égouttez les *rigatoni*, puis mettez-les dans la casserole avec la sauce. Mélangez sur le feu pendant 1 à 2 min, jusqu'à ce que la sauce nappe les pâtes.

Répartissez la préparation dans deux assiettes creuses, puis finissez en ajoutant un bon trait d'huile d'olive vierge extra et garnissez avec des feuilles de basilic.

Salade de gemelli au fromage de chèvre et à l'oignon rouge caramélisé

VÉGÉ

Huile d'olive, pour cuire
2 oignons rouges, émincés finement
Les feuilles de quelques branches de thym frais
Les feuilles de quelques branches de romarin frais
2 cuil. à soupe de vinaigre balsamique
½ cuil. à soupe de cassonade
50 g de pignons de pin
150 g de *gemelli*
30 cl d'huile d'olive vierge extra
Le jus de 1 citron
1 cuil. à café de moutarde de Dijon
2 grosses poignées de cresson
40 g de fromage de chèvre frais, congelé
Sel et poivre

Des oignons confits et caramélisés constituent la base de ce plat. Leur douceur est contrebalancée par une vinaigrette au citron et le cresson poivré. Le plat est souligné par une généreuse dose de fromage de chèvre râpé. C'est une salade de pâtes, mais pas comme vous la connaissez !

Commencez par préparer les oignons caramélisés. Versez un généreux trait d'huile dans une poêle de taille moyenne sur un feu doux, puis ajoutez les oignons rouges, le thym et le romarin. Assaisonnez avec du sel et du poivre, puis laissez cuire pendant 15 min.

Mettez une grande casserole d'eau très salée à bouillir.

Ajoutez le vinaigre et le sucre dans les oignons, augmentez à feu moyen-vif et faites cuire 5 min, jusqu'à ce que les oignons deviennent collants et caramélisés. Réservez.

Faites griller les pignons de pin dans une petite poêle sans matière grasse à feu moyen, jusqu'à ce qu'ils soient dorés de part et d'autre. Retirez du feu et réservez.

Plongez les *gemelli* dans l'eau bouillante et faites-les cuire *al dente*, en suivant les instructions données sur le paquet.

Égouttez les pâtes et passez-les quelques secondes sous l'eau froide du robinet pour les refroidir. Transférez-les dans un grand saladier.

Mettez l'huile d'olive, le jus de citron et la moutarde de Dijon dans le saladier avec les oignons rouges caramélisés. Ajoutez les pignons de pin grillés et mélangez le tout pour refroidir un peu les oignons. Ajoutez le cresson et mélangez délicatement. Répartissez dans deux assiettes et râpez le fromage de chèvre frais congelé sur le dessus.

Tagliatelles aux échalions caramélisés

VÉGÉ

60 g de beurre salé
Huile d'olive, pour cuire
8 échalions, émincés finement dans le sens de la longueur
1 grosse gousse d'ail, hachée finement
1 cuil. à soupe de cassonade
2 cuil. à café de vinaigre de vin rouge
1 feuille de laurier
150 g de tagliatelles
6 cl (4 cuil. à soupe) de vin blanc sec
Les feuilles de 6 branches de thym frais
70 g de parmesan râpé finement, plus un peu pour servir
½ citron, pour presser le jus
Sel et poivre

La cuisson lente et douce permet aux échalions de s'adoucir et de caraméliser, ce qui fonctionne merveilleusement ici. Le thym apporte des notes boisées et terriennes, quand le jus de citron à la fin relève le plat. Un parfait équilibre de saveurs.

Mettez 30 g de beurre ainsi qu'un généreux trait d'huile dans une grande casserole sur un feu très doux. Quand il a fondu, ajoutez les échalions, l'ail, le sucre, le vinaigre et la feuille de laurier. Faites cuire très doucement pendant 30 min, en remuant de temps à autre pour vérifier que la préparation ne colle pas dans le fond. Au terme de ce temps de cuisson, les échalions doivent être extrêmement tendres, caramélisés et avoir une couleur pâle.

Dans le même temps, mettez une grande casserole d'eau très salée à bouillir.

Après que les échalions ont cuit pendant 30 min, plongez les tagliatelles dans la casserole d'eau bouillante salée et faites-les cuire *al dente*, en suivant les instructions du paquet.

Pendant ce temps, augmentez le feu à moyen-vif sous les échalions, retirez la feuille de laurier et incorporez le vin. Remuez bien et laissez le vin bouillonner 1 à 2 min pour que l'alcool s'évapore. Déglacez en grattant doucement le fond de la casserole, afin de récupérer tous les sucs caramélisés, puis ajoutez le beurre restant et la plupart des feuilles de thym. Assaisonnez bien avec du sel et du poivre.

La suite page 96...

Prêt entre 30 min et 1 h

Égouttez les tagliatelles, en réservant un peu de leur eau de cuisson, puis mettez-les dans la casserole avec les échalions caramélisés. Saupoudrez-les de parmesan, versez un gros trait de jus de citron. Laissez le fromage fondre sur les pâtes pendant 30 s, avant de mélanger le tout sur le feu pendant 1 min, en ajoutant au besoin un peu d'eau pour détendre la consistance. Quand le mélange est homogène, et que la sauce est brillante et nappe les pâtes, goûtez et rectifiez l'assaisonnement selon votre goût.

Répartissez dans deux assiettes creuses et garnissez d'un peu de parmesan et de feuilles de thym.

Penne, épinards à la crème et chapelure aux amandes effilées

VÉGÉ

50 g de beurre salé
Huile d'olive, pour cuire
2 tranches de pain blanc rassis, réduites en fine chapelure à l'aide d'un mixeur
40 g d'amandes effilées
Les feuilles de quelques branches de thym frais
2 gousses d'ail, émincées finement
260 g de pousses d'épinards
8 cl de vin blanc sec
Le zeste de 1 citron bio
10 cl de crème liquide légère
Noix muscade râpée fraîchement (ou en poudre)
150 g de *penne*
Sel et poivre

Dans cette recette, les épinards à la crème, généralement servis en accompagnement, sont utilisés en une sauce luxueuse. Le plat est souligné par un mélange de chapelure dorée au beurre noisette et d'amandes effilées.

Commencez par préparer la chapelure. Mettez 25 g de beurre et versez un petit trait d'huile d'olive dans une poêle à frire sur un feu moyen. Quand le beurre a fondu et qu'il mousse, poursuivez la cuisson 2 min, jusqu'à ce qu'il commence à dorer très légèrement. Dès que vous voyez la couleur changer, ajoutez la chapelure, les amandes effilées et les feuilles de thym. Assaisonnez avec du sel et du poivre, puis faites revenir 3 à 4 min en remuant constamment, jusqu'à ce que la chapelure dore et devienne croustillante et que les amandes soient légèrement dorées. Débarrassez et réservez.

Mettez une grande casserole d'eau très salée à bouillir.

Pendant ce temps, préparez les épinards à la crème. Mettez le beurre restant dans une grande casserole avec un couvercle, placée sur un feu moyen-doux. Quand le beurre a fondu, ajoutez l'ail et faites-le revenir pendant 2 min, jusqu'à ce qu'il grésille et soit parfumé. Ajoutez les pousses d'épinards et le vin. Laissez les épinards tomber. Après quelques minutes, quand les épinards sont tombés complètement, ajoutez le zeste de citron, la crème et un petit peu de noix muscade râpée. Assaisonnez bien avec du sel et du poivre, puis baissez à feu doux, couvrez avec le couvercle. Laissez mijoter très doucement pendant 15 min.

La suite page 99...

Plongez les *penne* dans la casserole d'eau bouillante salée et faites-les cuire *al dente,* en suivant les instructions du paquet.

Égouttez les pâtes, en réservant un peu de leur eau de cuisson. Mettez-les dans la casserole avec les épinards à la crème et versez un trait d'eau de cuisson. Remuez sur le feu pendant 1 à 2 min, jusqu'à ce que le mélange soit homogène et que la sauce nappe les pâtes. Répartissez dans deux assiettes creuses et recouvrez avec quelques cuillerées de chapelure.

Saumon, broccolini et orzo pimenté cuits au four

MER

Huile d'olive, pour cuire
1 petit oignon blanc, émincé finement
2 gousses d'ail, hachées finement
1 piment rouge, épépiné et haché finement
150 g d'*orzo*
3,3 cl de bouillon de poisson
Le zeste et le jus de 1 citron bio
180 g de *broccolini* coupés en deux dans le sens de la longueur, puis recoupés en trois
9,5 cl de crème entière liquide
2 filets de saumon
1 pincée de flocons de piment séché
1 petite poignée de frondes d'aneth ciselées fraîchement
Sel et poivre

Ce plat cuit au four est parfait pour un dîner simple, rapide et savoureux. L'*orzo* est cuit dans du bouillon de poisson, avec beaucoup de piment et d'ail. Ce plat est servi avec des *broccolini* et des filets de saumon pour une assiette de pâtes très saine. Si vous voulez réduire la quantité préparée, veillez à utiliser un plat suffisamment petit pour que l'*orzo* soit bien recouvert par le bouillon.

Préchauffez le four à 200 °C (th. 6-7) en mode convection naturelle ou à 180 °C (th. 6) en mode chaleur tournante.

Versez un bon trait d'huile dans une poêle à frire sur un feu moyen. Quand c'est chaud, ajoutez l'oignon et faites-le revenir 4 min, le temps de l'attendrir. Ajoutez alors l'ail et le piment frais, puis faites revenir le tout pendant 2 min.

Transférez l'oignon frit, l'ail et le piment sur une petite plaque de cuisson profonde ou dans un plat à gratin. Ajoutez l'*orzo*, le bouillon de poisson et le jus de citron pressé. Assaisonnez bien avec du sel et du poivre. Remuez délicatement le tout et couvrez le plat avec du papier d'aluminium pour le sceller. Enfournez pour 15 min.

Après 15 min, ôtez le plat du four et retirez le papier d'aluminium. Incorporez la crème et les *broccolini* dans l'*orzo* et mélangez bien. Assaisonnez les filets avec du sel et du poivre, les flocons de piment et le zeste de citron.

Placez délicatement les filets sur l'*orzo*. Recouvrez le plat d'aluminium et enfournez-le pour 14 min.

Sortez le plat du four. Le saumon doit être cuit à cœur et les *broccolini* tendres, mais avec encore du croquant. Retirez les filets de saumon de l'*orzo* et réservez-les. Ajoutez l'aneth, mélangez, puis dressez dans deux assiettes creuses. Déposez un filet de saumon sur chacune d'elles.

Casarecce à la sardine et au citron « brûlé »

MER

200 g de tomates cerise, coupées en deux
2 citrons, coupés en deux
Huile d'olive, pour cuire
1 petit oignon blanc, haché finement
2 gousses d'ail, émincées finement
½ cuil. à café de flocons de piment séché
1 cuil. à soupe de câpres, hachées finement
2 cuil. à soupe de concentré de tomates
1 cuil. à café de sucre semoule
95 g de sardine à l'huile de qualité supérieure
150 g de *casarecce*
1 petite poignée de persil plat, ciselé finement
Sel et poivre

Faire rôtir les citrons adoucit leur acidité, ce qui convient parfaitement dans une recette salée comme celle-ci. L'accord du citron avec l'intense salinité des sardines magnifie ce plat.

Préchauffez le four à 200 °C (th. 6-7) en mode convection naturelle ou à 180 °C (th. 6) en mode chaleur tournante.

Disposez les tomates cerise et les moitiés de citron, faces coupées vers le bas, sur une plaque ou dans un plat à rôtir. Arrosez généreusement avec de l'huile et assaisonnez bien avec du sel et du poivre. Enfournez pour 20 min, jusqu'à ce que les tomates commencent à se boursoufler et à ramollir. Sortez-les du four et réservez-les.

Mettez une grande casserole d'eau très salée à bouillir.

Pendant ce temps, versez un trait généreux d'huile dans une grande poêle à frire sur un feu moyen. Ajoutez l'oignon et faites-le revenir pendant 5 min, jusqu'à ce qu'il soit tendre et translucide. Ajoutez ensuite l'ail et faites-le revenir 1 min avant d'ajouter les flocons de piment, les câpres, le concentré de tomates et le sucre. Mélangez bien, baissez à feu doux et laissez mijoter.

Plongez les *casarecce* dans l'eau bouillante et faites-les cuire *al dente*, en suivant les instructions données sur le paquet.

La suite page 104...

Transférez les tomates cuites dans le bol d'un blender ou d'un robot et réduisez-les en une purée lisse. Versez cette dernière dans la poêle et pressez le jus de 1 des citrons rôtis. Ajoutez les sardines et un peu de l'huile de leur boîte. Mélangez bien pour casser les sardines. Laissez la sauce mijoter doucement, le temps que les pâtes cuisent.

Égouttez les *casarecce*, puis mettez-les dans la sauce. Remuez sur le feu pendant 1 min, avant de répartir la préparation dans deux assiettes creuses. Parsemez de persil et servez avec les moitiés de citron rôti restantes sur le côté pour les presser.

Saumon au zaatar, oignon caramélisé et orzo à la feta

MER

Huile d'olive, pour cuire
1 oignon blanc, émincé finement
1 cuil. à soupe de vinaigre de vin blanc
1 cuil. à soupe de cassonade
1 gousse d'ail, hachée finement
2 cuil. à café de romarin séché
2 cuil. à soupe de miel liquide
2 cuil. à soupe de *zaatar*
2 filets de saumon
150 g d'*orzo*
30 g de beurre salé
1 petite poignée de persil plat frais, ciselé finement
80 g de feta
Sel et poivre

Voici un plat de pâtes plus expérimental, moins conventionnel, à base de *zaatar*, un condiment venu du Moyen-Orient, de miel et de feta grecque. Le *zaatar* et le glaçage au miel sur le saumon apportent une douceur aromatique au poisson. Avec la feta salée et les oignons caramélisés, ces pâtes offrent tous les profils aromatiques possibles.

Versez un gros trait d'huile dans une grande poêle à frire sur un feu doux. Ajoutez les oignons et faites-les cuire 20 min, en remuant de temps à autre, jusqu'à ce qu'ils soient très tendres. (À ce stade, il ne faut pas que les oignons colorent trop. Le but est de les attendrir et de les adoucir en goût.)

Préchauffez le four à 200 °C (th. 6-7) en mode convection naturelle ou à 180 °C (th. 6) en mode chaleur tournante.

Augmentez le feu sous les oignons à feu moyen-vif, puis ajoutez le vinaigre et le sucre. Remuez sur le feu pendant 5 min, le temps que le sucre se dissolve et que les oignons soient brillants et collants. Ajoutez l'ail et le romarin séché. Éteignez le feu et réservez.

Mettez une grande casserole d'eau très salée à bouillir.

Pendant ce temps, mettez le miel et le *zaatar* dans un petit bol. Ajoutez un petit trait d'huile. Assaisonnez avec du sel et du poivre, puis mélangez bien. Badigeonnez la moitié de ce glaçage sur les filets de saumon, à l'aide d'un pinceau à pâtisserie ou d'une cuillère. Enfournez et faites rôtir 12 à 14 min, selon la taille de vos filets.

La suite page 107...

Prêt entre 30 min et 1 h

Plongez l'*orzo* dans l'eau bouillante et faites-le cuire *al dente*, en suivant les instructions données sur le paquet.

Mettez le glaçage restant à base de *zaatar* et de miel dans la poêle avec les oignons. Ajoutez le beurre et le persil. Mélangez bien et faites chauffer à feu doux.

Égouttez l'*orzo* et mettez-le dans la poêle avec les oignons. Remuez le tout pendant 1 min, puis répartissez dans deux assiettes creuses. Recouvrez avec un filet de saumon, puis émiettez la feta sur le dessus.

Linguine aux moules et tomates rôties au rosé

MER

200 g de tomates prune, coupées en quatre
2 gousses d'ail, émincées finement
½ cuil. à soupe d'origan séché
6 anchois à l'huile, égouttés
Quelques brins d'estragon frais, ciselés finement, plus un peu pour garnir
8 cl de vin rosé sec
150 g de *linguine*
600 g de moules fraîches, nettoyées et ébarbées (jetez toutes celles qui ne se referment pas après les avoir frappées sur le plan de travail)
1 citron, coupé en deux pour en extraire le jus
Sel et poivre

Une sauce concoctée à base de tomates prune cuites dans du rosé. Le caractère sec et fruité de ce vin s'accorde parfaitement avec les moules charnues. Pour parfaire et équilibrer le tout : un bon trait de jus de citron pressé.

Préchauffez le four à 190 °C (th. 6-7) en mode convection naturelle ou à 170 °C (th. 5-6) en mode chaleur tournante.

Placez les tomates, l'ail, l'origan séché, les anchois et l'estragon dans un grand plat à rôtir. Mélangez bien et assaisonnez avec du sel et du poivre. Versez le rosé dans le plat et enfournez pour 25 min.

Lorsque le temps de cuisson des tomates est sur le point de s'achever, mettez une grande casserole d'eau très salée à bouillir. Quand l'eau bout, plongez les *linguine* et faites-les cuire *al dente,* en suivant les instructions données sur le paquet.

Au terme des 25 min, sortez les tomates du four et transférez-les dans une grande sauteuse munie d'un couvercle. Mettez-la à chauffer à feu moyen-doux et portez à frémissement. Lorsque cela mijote, ajoutez les moules et remuez le tout. Laissez cuire 6 min environ, le temps que les moules commencent à s'ouvrir. Assurez-vous que le feu ne soit pas trop élevé, au risque que les moules bouillent et deviennent dures. Une cuisson à petit frémissement est préférable.

Égouttez les *linguine* et mettez-les dans la sauce et les moules. Pressez le jus de citron dans la poêle, puis mélangez et laissez sur le feu pendant 1 à 2 min, le temps que les dernières moules s'ouvrent. Répartissez dans deux assiettes creuses et garnissez avec l'estragon frais.

Rigatoni à la saucisse croustillante, au poivron romano et au piment

TERRE

3 poivrons romano rouges
Huile d'olive, pour cuire
4 saucisses de porc de qualité supérieure, débarrassées de leur peau
150 g de *rigatoni*
1 gros échalion, haché finement
1 grosse gousse d'ail, hachée finement
1 piment rouge, épépiné et haché finement
2 cuil. à café de graines de fenouil
1 cuil. à soupe de paprika fumé
2 cuil. à soupe de concentré de tomates
10 cl de crème entière liquide
50 g de parmesan, râpé finement
Huile pimentée croustillante, pour finir
Sel et poivre

Faire griller les poivrons romano permet de révéler leur douceur et de créer les rubans tendres et légèrement fumés qui colorent ces pâtes. L'ajout de piment, d'herbes, de porc caramélisé, le tout souligné par de l'huile pimentée croustillante, confère à ce plat toute sa vitalité.

Préchauffez le four à 220 °C (th. 7-8) en mode convection naturelle ou à 200 °C (th. 6-7) en mode chaleur tournante.

Mettez les poivrons entiers sur une plaque de cuisson et enfournez-les pour 20 min environ, ou jusqu'à ce que leur peau soit noircie. Sortez-les du four et laissez-les refroidir suffisamment pour pouvoir les manipuler.

Pendant que les poivrons refroidissent, mettez une grande casserole d'eau très salée à bouillir.

Versez un filet généreux d'huile dans une grande casserole sur un feu vif. Quand l'huile est chaude, ajoutez les saucisses et cassez-les en morceaux de la taille d'une bouchée, en vous aidant d'une cuillère en bois. Laissez la viande caraméliser pendant 6 min, sans remuer ni secouer la casserole. Cela permet à une croûte de se développer et apporte une saveur plus intense à la viande. Une fois que la viande a bien doré, débarrassez-la à l'aide d'une écumoire et réservez-la.

Plongez les *rigatoni* dans l'eau bouillante et faites-les cuire *al dente*, en suivant les instructions données sur le paquet.

Mettez l'échalion et l'ail dans la casserole utilisée pour cuire les saucisses et ajoutez un filet d'huile. Faites-les revenir à feu moyen-doux pendant 5 min environ, jusqu'à ce qu'ils soient tendres, puis ajoutez le piment, les graines de fenouil, le paprika et le concentré de tomates.

La suite page 112...

Prêt entre 30 min et 1 h

Remettez la viande dorée dans la casserole, puis versez la crème et portez à frémissement.

Retirez la peau noircie des poivrons avec les doigts, puis débarrassez-les de leurs graines. Coupez la chair en bandes fines, puis incorporez-les à la sauce dans la casserole. Assaisonnez bien avec du sel et du poivre.

Égouttez les *rigatoni*, en réservant un peu de leur eau de cuisson. Mettez les pâtes égouttées dans la casserole avec la sauce, puis ajoutez le parmesan. Remuez pour mélanger le tout sur le feu, pendant 1 à 2 min, en ajoutant un trait d'eau de cuisson pour détendre la sauce et faire en sorte qu'elle nappe les pâtes. Quand tout est homogène et que la sauce est épaisse et brillante, vérifiez l'assaisonnement. Répartissez dans deux assiettes creuses et garnissez selon votre goût avec de l'huile pimentée croustillante.

Gnocchi sardi, oignons nouveaux rôtis, jambon cru italien et gremolata aux noix

TERRE

5 gros oignons nouveaux, coupés en deux dans le sens de la longueur
Huile d'olive, pour cuire
150 g de *gnocchi sardi*
40 g de beurre salé
1 grosse gousse d'ail, hachée finement
50 g de gruyère râpé
6 tranches de jambon cru italien
Sel et poivre

Pour la *gremolata*
40 g de cerneaux de noix
1 grosse poignée de persil plat frais, ciselé finement
1 cuil. à café flocons de piment séché
6 cl (4 cuil. à soupe) d'huile d'olive vierge extra
1 citron bio, zesté, puis coupé en deux pour en extraire le jus

Faire rôtir les oignons nouveaux permet d'adoucir leur saveur. Ils vont ici parfaitement de pair avec le jambon cru italien salé et la *gremolata* aux noix que l'on dresse sur le dessus, en toute fin de recette.

Préchauffez le four à 200 °C (th. 6-7) en mode convection naturelle ou à 180 °C (th. 6) en mode chaleur tournante.

Commencez par préparer la *gremolata*. Mettez les noix dans une petite poêle à frire sans matière grasse, sur un feu moyen. Faites-les griller doucement pendant 3 à 4 min, jusqu'à ce qu'elles aient légèrement doré et révélé leur arôme de noix. Retirez-les de la poêle et coupez-les très finement en petits morceaux. Transférez-les dans un petit bol et ajoutez le persil, les flocons de piment et l'huile d'olive. Ajoutez du jus de citron pressé (et réservez le zeste), puis assaisonnez avec du sel et du poivre. Mélangez bien le tout ou utilisez un mortier et un pilon pour moudre le tout, si vous désirez une texture plus lisse. Réservez.

Étalez les cébettes sur une plaque de cuisson et arrosez-les généreusement avec de l'huile. Ajoutez le zeste de citron et assaisonnez avec du sel et du poivre. Enfournez pour 15 min.

Mettez une grande casserole d'eau très salée à bouillir.

Quand les oignons nouveaux sont tendres, sortez la plaque du four et baissez la température à 180°C (th. 6) en mode convection naturelle ou à 160 °C (th. 5-6) en mode chaleur tournante. Transférez la moitié des oignons sur une planche à découper et hachez-les grossièrement en petits morceaux. Remettez l'autre moitié au four et laissez-les rôtir encore 10 min, pendant que vous faites cuire les pâtes.

La suite page 115...

Prêt entre 30 min et 1 h

Plongez les *gnocchi sardi* dans l'eau bouillante et faites-les cuire *al dente,* en suivant les instructions sur le paquet.

Pendant ce temps, mettez le beurre et un filet d'huile dans une grande poêle à frire, sur un feu moyen-doux. Une fois le beurre fondu, ajoutez l'ail et les oignons nouveaux hachés. Faites-les revenir 3 min, jusqu'à ce qu'ils grésillent et soient parfumés. Assaisonnez bien avec du sel et du poivre, puis éteignez le feu, le temps que les pâtes finissent de cuire.

Égouttez les *gnocchi sardi*, en réservant un peu de leur eau de cuisson. Mettez les pâtes dans la poêle avec l'ail et les oignons. Augmentez à feu moyen-vif, incorporez le fromage et ajoutez un trait d'eau de cuisson. Laissez le fromage fondre sur les pâtes. Remuez ensuite sur un feu moyen, pendant 1 à 2 min, le temps que tout se mélange bien. Répartissez dans deux assiettes creuses. Recouvrez avec les oignons réservés, puis avec les tranches de jambon cru et terminez avec quelques cuillerées de *gremolata*.

Bucatini aux boulettes de porc et 'nduja

TERRE

Huile d'olive, pour cuire
1 oignon blanc, haché finement
1 gousse d'ail, hachée finement
10 cl de vin rouge
400 g de tomates concassées en conserve
1 cuil. à soupe de vinaigre de vin rouge
1 cuil. à café de sucre semoule
150 g de *bucatini*
1 petite poignée de feuilles de basilic frais
Parmesan râpé finement, pour finir
Sel et poivre

Pour les boulettes
200 g de viande de porc hachée
50 g de *'nduja*
1 cuil. à soupe de romarin séché
1 cuil. à café de flocons de piment séché
1 cuil. à soupe de paprika fumé
40 g de chapelure de pain de mie

La *'nduja* est une saucisse italienne épicée idéale pour agrémenter ce plat. Elle apporte une saveur aromatique et une chaleur agréable aux boulettes de viande, qui sont mijotées doucement dans une sauce au vin rouge.

Commencez par préparer les boulettes de viande. Mettez tous les ingrédients dans un bol. Assaisonnez bien avec du sel et du poivre, puis malaxez bien avec vos mains. Divisez la préparation en 8 petites boules d'environ 30 g chacune. Réservez-les au réfrigérateur pendant que vous préparez la sauce.

Versez un bon trait d'huile dans une grande casserole munie d'un couvercle, placée sur un feu moyen. Ajoutez l'oignon et faites-le revenir 5 min, jusqu'à ce qu'il soit tendre, avant d'ajouter l'ail et de le faire revenir 1 min. Incorporez le vin, puis les tomates concassées, le vinaigre et le sucre. Assaisonnez avec du sel et du poivre, puis baissez à feu doux. Mettez le couvercle sur la casserole et laissez mijoter doucement pendant que vous faites sauter les boulettes de viande.

Mettez une grande casserole d'eau très salée à bouillir.

Versez un généreux trait d'huile dans une grande poêle à frire sur un feu moyen-vif. Quand la poêle est chaude, ajoutez les boulettes de viande et faites-les sauter pendant environ 3 min, sans les toucher, afin qu'elles dorent bien, puis retournez-les de l'autre côté. Quand elles sont cuites, mettez les boulettes avec leur jus de cuisson dans la sauce. Posez le couvercle sur la casserole et laissez mijoter 15 min à feu moyen-doux, jusqu'à ce que les boulettes soient cuites à cœur, en les tournant de temps à autre.

Pendant ce temps, plongez les *bucatini* dans l'eau bouillante et faites-les cuire *al dente*, en suivant les instructions du paquet.

Égouttez les pâtes et mettez-les dans la sauce avec le basilic déchiré. Remuez délicatement le tout. Répartissez dans deux assiettes creuses et saupoudrez de parmesan.

Orzo aux petits pois, mascarpone et jarret de porc croustillant

TERRE

Huile d'olive, pour cuire
100 g de jarret de porc cuit, effiloché
40 g de beurre salé
1 petit oignon blanc, haché finement
½ poireau, émincé finement
1 grosse gousse d'ail, hachée finement
6 cl (4 cuil. à soupe) de vin blanc sec
120 g de mascarpone
1 cuil. à café de menthe séchée
150 g de petits pois surgelés
40 g de parmesan râpé finement, plus un peu pour servir
150 g d'*orzo*
1 petite poignée de feuilles de menthe fraîche, ciselées finement
Sel et poivre

L'oignon et le poireau délicatement sautés forment la base de cette sauce ultracrémeuse. L'addition de petits pois et de mascarpone rend cette sauce riche et haute en saveur. L'effiloché de porc salé et croustillant apporte une touche finale agréable.

Versez un filet d'huile dans une petite poêle à frire sur un feu moyen. Ajoutez le jarret et faites-le revenir 4 min, jusqu'à ce qu'il commence à croustiller et à dorer par endroits. Débarrassez et réservez.

Pendant ce temps, préparez la sauce. Ajoutez le beurre ainsi qu'un généreux trait d'huile dans une grande casserole. Ajoutez l'oignon et le poireau, puis faites-les cuire pendant 10 min environ à feu moyen-doux, jusqu'à ce qu'ils soient tendres et translucides.

Mettez une grande casserole d'eau très salée à bouillir.

Terminez la sauce, en incorporant l'ail au mélange d'oignon et de poireau, avant d'y verser le vin et d'augmenter à feu vif. Laissez bouillonner le vin pendant 1 min afin que l'alcool s'évapore, puis ajoutez le mascarpone, la menthe séchée et 100 g de petits pois. Baissez à feu moyen et laissez mijoter 5 min, le temps que le mascarpone ait fondu et que les petits pois soient cuits.

Ajoutez le parmesan et assaisonnez bien avec du sel et du poivre. Remuez bien, puis transférez le tout dans le bol d'un mixeur ou d'un blender. Mixez jusqu'à l'obtention d'un mélange lisse, puis versez-le à nouveau dans la casserole. Goûtez et rectifiez l'assaisonnement. Laissez mijoter à feu doux, pendant que vous faites cuire les pâtes.

La suite page 120...

Prêt entre 30 min et 1 h

Plongez l'*orzo* dans l'eau bouillante et faites-le cuire *al dente*, en suivant les instructions du paquet.

Égouttez les pâtes et mettez-les dans la casserole avec la sauce. Ajoutez la menthe ciselée et les petits pois restants. Remuez le tout et laissez sur le feu pendant 1 à 2 min, jusqu'à ce que le mélange soit homogène et les pois cuits. Goûtez et rectifiez l'assaisonnement. Répartissez dans deux assiettes creuses et recouvrez avec l'effiloché de porc croustillant et un peu de parmesan.

Fettuccine à la pancetta, au porc et au fenouil

TERRE

100 g de *pancetta* coupée en dés
220 g de viande de porc hachée de qualité supérieure
Huile d'olive, pour cuire
1 oignon blanc, émincé finement
1 bulbe de fenouil, émincé finement
2 grosses gousses d'ail, hachées finement
Les feuilles de 4 branches de thym frais
2 cuil. à café de graines de fenouil
1 feuille de laurier
6 cl (4 cuil. à soupe) de vin blanc sec
4 cl (3 petites cuil. à soupe) de lait entier
Noix muscade râpée fraîchement (ou en poudre)
150 g de *fettuccine*
8 cl de crème fraîche ou aigre
35 g de parmesan râpé finement, plus quelques copeaux en plus pour servir
Sel et poivre

Les notes anisées du fenouil fonctionnent parfaitement avec le porc riche et entrelardé, parfumé au vin blanc et à la noix muscade. La sauce, agrémentée de crème fraîche et de parmesan, permet de créer un *ragù* crémeux et savoureux.

Mettez la *pancetta* dans une cocotte (ou une casserole à fond épais), placée sur un feu moyen. Faites-la revenir 5 min – la graisse va s'écouler de la viande en chauffant – jusqu'à ce que les dés soient bien dorés et commencent à croustiller. Débarrassez la *pancetta* à l'aide d'une écumoire, en laissant la graisse dans la cocotte. Réservez.

Faites dorer le porc dans la cocotte en deux fournées successives afin que la viande ne se chevauche pas dans le récipient. Faites dorer la viande sans la toucher, pendant 4 à 5 min, le temps qu'une croûte bien colorée se forme, puis retournez-la afin qu'elle dore de part et d'autre. Débarrassez la viande et réservez-la.

Versez un filet d'huile dans la cocotte et baissez à feu doux. Ajoutez l'oignon et le fenouil émincés. Faites-les revenir pendant 5 min, jusqu'à ce qu'ils commencent à s'attendrir. Incorporez l'ail, le thym, les graines de fenouil et la feuille de laurier. Assaisonnez bien avec du sel et du poivre. Versez le vin et augmentez à feu vif. Laissez-le bouillonner 1 min avant de remettre la *pancetta* et le porc dans la cocotte. Baissez à feu très doux, ajoutez le lait et un petit peu de noix muscade râpée, puis laissez le *ragù* mijoter à petit frémissement pendant 25 min environ.

La suite page 123...

Mettez une grande casserole d'eau très salée à bouillir. Quand il reste 10 min de temps de cuisson pour le *ragù*, plongez les *fettuccine* dans l'eau bouillante et faites-les cuire *al dente*, en suivant les instructions du paquet.

Égouttez les *fettuccine*, en réservant un peu de leur eau de cuisson. Incorporez la crème fraîche au *ragù*. Ajoutez ensuite les pâtes et le parmesan. Versez un petit trait d'eau de cuisson et remuez sur le feu pendant 1 à 2 min, jusqu'à ce que le mélange soit homogène et que la sauce nappe les *fettuccine*. Répartissez la préparation dans deux assiettes creuses et recouvrez avec le parmesan restant.

Salade d'orzo au poulet, au pesto et aux broccolini

TERRE

2 suprêmes de poulet avec la peau
Huile d'olive, pour cuire
1 cuil. à soupe de basilic séché
1 citron bio, zesté, puis coupé en deux pour le presser dans le pesto
140 g de *broccolini*, chaque tige coupée en deux
150 g d'*orzo*
Sel et poivre

Pour le pesto

1 grosse poignée de basilic frais, plus un peu pour garnir
1 grosse gousse d'ail, pelée, mais laissée entière
40 g de parmesan râpé finement, plus un peu pour servir
5 cl d'huile d'olive vierge extra
40 g de pignons de pin

Pour moi, c'est le plat idéal pour une soirée d'été. Le poulet à la peau croustillante est associé avec une salade fraîche et légère au *broccolini* et au pesto.

Préchauffez le four à 200 °C (th. 6-7) en mode convection naturelle ou à 180 °C (th. 6) en mode chaleur tournante.

Pour faire cuire le poulet, assaisonnez bien chaque suprême avec du sel et du poivre, puis arrosez-les d'un peu d'huile. Placez-les dans une poêle à frire à fond épais sur un feu vif. Quand la poêle est chaude, ajoutez le poulet, peau vers le bas. Laissez-le cuire sans le toucher pendant 5 min, ou jusqu'à ce que la peau soit bien dorée et croustillante. Ne tentez pas de bouger le poulet dans la poêle pendant qu'il cuit. Dès que la peau sera croustillante, elle se décollera toute seule de la poêle. Retournez les suprêmes et faites-les cuire 2 min de l'autre côté. Transférez-les dans un plat allant au four, saupoudrez-les de basilic séché et parsemez le zeste de citron. Enfournez à mi-hauteur pour 20 min, ou jusqu'à ce que le poulet soit cuit à cœur et que son jus soit clair. Quand le poulet est cuit, réservez-le et laissez-le reposer.

Mettez une grande casserole d'eau très salée à bouillir.

Pendant ce temps, mettez les *broccolini* dans la poêle utilisée pour faire cuire le poulet et arrosez-les avec un peu d'huile. Faites-les cuire à feu vif 3 min de chaque côté, jusqu'à ce qu'ils commencent à griller un peu. À mi-cuisson, ajoutez un petit trait d'eau pour que les *broccolini* cuisent à l'étuvée et deviennent tendres. Une fois cuits, mettez-les dans un grand bol mélangeur.

Plongez l'*orzo* dans l'eau bouillante et faites-le cuire *al dente*, en suivant les instructions du paquet.

Préparez le pesto. Mettez le basilic, l'ail, le parmesan, l'huile d'olive vierge extra et la moitié des pignons de pin dans un blender (vous pouvez sinon utiliser un mortier et un pilon). Mixez jusqu'à l'obtention d'un mélange lisse. Au besoin, ajoutez un peu d'huile pour détendre le mélange et lui donner la consistance d'un pesto. Assaisonnez selon votre goût avec du sel, du poivre et un trait de jus de citron pressé, puis mixez à nouveau. Versez le tiers du pesto dans le bol avec les *broccolini*. Mélangez bien le tout.

Égouttez l'*orzo* et refroidissez-le sous l'eau froide du robinet pour le ramener à température ambiante. Mettez l'*orzo* refroidi dans le bol avec les *broccolini* au pesto. Mélangez bien et vérifiez l'assaisonnement.

Répartissez les pâtes et les *broccolini* dans 2 assiettes creuses ou servez la totalité dans un grand plat de service. Émincez les suprêmes de poulet et étalez-les sur la salade. Terminez en ajoutant le pesto restant, les feuilles de basilic pour garnir, les pignons de pin restants et du parmesan.

QUATRE

PRÊT EN 1 H ET +

Trofie aux tomates San Marzano et à la burrata

VÉGÉ

6 grosses tomates San Marzano, coupées en deux dans le sens de la longueur
4 gousses d'ail, avec la peau
1 oignon blanc, pelé et coupé en quatre
1 piment rouge, coupé en deux dans le sens de la longueur et épépiné
1 feuille de laurier
1 poignée de taille moyenne de basilic frais, feuilles et tiges séparées
1 cuil. à soupe de thym séché
1 cuil. à soupe de romarin séché
Huile d'olive, pour rôtir
150 g de *trofie*
1 cuil. à soupe de vinaigre balsamique
½ cuil. à soupe de miel
150 g de burrata
Huile d'olive vierge extra, pour servir
Sel et poivre

Dans cette recette, la sauce tomate est somptueuse. La saveur extrêmement douce des tomates San Marzano est révélée par la cuisson lente au four et le plat est sublimé par la burrata crémeuse, que l'on ajoute juste avant de servir.

Préchauffez le four à 160 °C (th. 5-6) en mode convection naturelle ou à 140 °C (th. 4-5) en mode chaleur tournante.

Étalez les tomates, face coupée vers le haut et en une seule couche, dans un plat allant au four. Parsemez les gousses d'ail, l'oignon, le piment, le laurier, les tiges de basilic, le thym et le romarin séchés sur le dessus. Arrosez généreusement d'huile, puis enfournez à mi-hauteur pour 1 h de cuisson.

Après 50 min, mettez une grande casserole d'eau très salée à bouillir. Quand l'eau bout, plongez-y les *trofie* et faites-les cuire *al dente*, en suivant les instructions du paquet.

Quand les tomates ont cuit pendant 1 h, sortez-les du four. Retirez et réservez 4 moitiés de tomates du plat. Pressez les gousses d'ail pour en extraire la chair, puis transférez le contenu du plat dans le bol d'un mixeur ou d'un blender. Ajoutez le vinaigre et le miel, assaisonnez bien avec du sel et du poivre, puis mixez jusqu'à l'obtention d'une sauce lisse. Versez-la dans une petite casserole sur un feu doux. Vérifiez l'assaisonnement et rectifiez-le selon votre goût.

Quand les *trofie* sont cuites, égouttez-les, puis remettez-les dans leur casserole. Versez la sauce sur les pâtes et ajoutez une poignée de feuilles de basilic déchirées. Mélangez sur le feu pendant 1 à 2 min, puis dressez les pâtes dans un plat de service. Recouvrez avec les tomates réservées et placez la burrata au milieu. Versez un trait d'huile d'olive vierge extra et servez, en coupant la burrata en petits morceaux.

Pici à la courge butternut et au pecorino

VÉGÉ

1 petite courge butternut, coupée en deux, débarrassée de ses graines et filaments
Huile d'olive, pour rôtir
Les feuilles de quelques branches de romarin frais, ciselées finement
6 feuilles de sauge, ciselées finement
4 gousses d'ail, avec la peau
40 g de beurre salé
1 échalion, haché finement
½ cuil. à soupe de graines de cumin
1 cuil. à café de cannelle en poudre
Les feuilles de quelques branches de thym frais
6 cl (4 cuil. à soupe) de crème liquide légère
Noix muscade râpée fraîchement (ou en poudre)
80 g de pecorino romano râpé finement
1 citron, coupé en deux pour en extraire le jus
150 g de *pici*
Sel et poivre

Ici, la courge douce et tendre est rôtie avec beaucoup d'ail et de sauge. Elle est ensuite réduite en une purée lisse et mélangée à une crème d'échalion légèrement épicée pour obtenir une sauce soyeuse parfaite. Je parfais ici la sauce en ajoutant du pecorino acidulé.

Préchauffez le four à 190 °C (th. 6-7) en mode convection naturelle ou à 170 °C (th. 5-6) en mode chaleur tournante.

Placez les moitiés de butternut sur une grande plaque. Arrosez d'un bon trait d'huile d'olive. Assaisonnez bien avec du sel et du poivre. Parsemez le romarin, la sauge et les gousses d'ail sur la courge. Enfournez 1 h, jusqu'à ce que la chair soit très tendre. Sortez-la du four et réservez-la.

Mettez une grande casserole d'eau très salée à bouillir. Pendant ce temps, mettez le beurre dans une grande casserole à feu moyen-doux. Faites-y suer les échalions pendant 5 min. Ajoutez les graines de cumin, la cannelle, le thym, la crème, un peu de noix muscade râpée et la moitié du pecorino romano. Remuez le tout et retirez du feu.

Prélevez la chair de la courge et pressez les gousses d'ail. Transférez-les dans un mixeur ou un blender. Ajoutez la crème d'échalion ainsi qu'un trait de jus de citron pressé, puis mixez le tout en une purée lisse. Versez dans la casserole et faites mijoter doucement le temps que les pâtes cuisent.

Plongez les *pici* dans l'eau bouillante et faites-les cuire *al dente*, en suivant les instructions du paquet. Égouttez-les, réservez un peu d'eau de cuisson. Mettez les pâtes dans la sauce avec un trait d'eau de cuisson. Remuez sur le feu pendant 1 à 2 min. La sauce doit napper les pâtes. Répartissez dans deux assiettes creuses et recouvrez avec le fromage restant.

Cannelloni aux poireaux rôtis et au gorgonzola

VÉGÉ

2 poireaux, parés, nettoyés, puis émincés finement
2 gousses d'ail, hachées finement
2 échalions, émincés finement
Huile d'olive, pour rôtir
1 cuil. à soupe de thym séché
1 cuil. à soupe de persil séché
30 g de beurre salé
30 g de farine tous usages
30 cl de lait entier
Noix muscade râpée fraîchement (ou en poudre)
50 g de parmesan râpé finement
100 g de jeunes pousses d'épinards
75 g de gorgonzola
100 g de *cream cheese* entier
1 petite poignée de persil plat frais, ciselé finement
Le zeste de 1 citron
10 tubes de *cannelloni*
75 g de chapelure *panko*
Les feuilles de quelques branches de thym frais
Sel et poivre

L'association du fromage bleu avec des poireaux rôtis à la saveur douce est une combinaison gagnante dans ce plat de pâtes au four. Les tubes de pâtes farcis sont cuits dans une béchamel épaisse, et le tout est recouvert d'une chapelure *panko* ultracroquante et de thym.

Préchauffez le four à 180 °C (th. 6) en mode convection naturelle ou à 160 °C (th. 5-6) en mode chaleur tournante.

Mettez les poireaux, l'ail et les échalions dans un petit plat à gratin allant au four. Assaisonnez-les avec du sel et du poivre, puis arrosez-les d'un généreux trait d'huile. Parsemez de thym et de persil, puis mélangez le tout. Enfournez le plat à mi-hauteur et laissez cuire 30 min, le temps que les poireaux soient complètement tendres.

Pendant ce temps, préparez la béchamel. Mettez le beurre dans une petite casserole sur un feu moyen. Une fois le beurre fondu, incorporez la farine. Fouettez le tout, puis laissez cuire 2 min, pour éliminer la saveur brute de la farine. Ajoutez lentement le lait en plusieurs fois, en fouettant afin d'éviter la formation de grumeaux. Portez à ébullition et laissez épaissir la préparation jusqu'à ce qu'elle prenne la consistance d'une crème coulante épaisse. Assaisonnez avec du sel et du poivre, puis ajoutez un peu de noix muscade râpée et le parmesan. Fouettez jusqu'à ce que le fromage ait totalement fondu, puis retirez du feu et réservez.

Quand le mélange de poireau et d'échalion a cuit pendant 30 min, retirez-le du four. Mélangez bien pour briser les poireaux et combiner le tout. Laissez refroidir un peu.

La suite page 136...

Faites tomber les épinards dans une autre casserole avec un filet d'huile. Assaisonnez avec du sel et du poivre. Après quelques minutes, quand ils sont tombés, retirez la casserole et retirez l'excédent d'eau. Pour débarrasser les épinards de leur eau, le mieux est de les presser dans un torchon propre. Retirez-les du torchon et hachez-les finement, puis transférez-les dans un grand bol.

Une fois le mélange de poireau et d'échalion refroidi, ajoutez-le dans le bol, puis incorporez la moitié du gorgonzola, le *cream cheese*, le persil ciselé et le zeste de citron. Assaisonnez généreusement avec du sel et du poivre, puis mélangez bien le tout. Remplissez une poche à douille avec cette préparation.

Montez la température du four à 200 °C (th. 6-7) en mode convection naturelle ou à 180 °C (th. 6) en mode chaleur tournante.

Versez un peu moins de la moitié de la béchamel dans un plat à gratin. Coupez l'extrémité de la poche à douille et garnissez chaque tube de *cannelloni*. Disposez-les côte à côte, dans le plat, sur la béchamel, en une seule couche couvrant tout le fond du plat. Versez ensuite la béchamel restante de façon homogène sur les *cannelloni*. Saupoudrez de chapelure et de feuilles de thym, puis parsemez le gorgonzola restant en l'émiettant sur le dessus. Enfournez pour 30 à 35 min, jusqu'à ce que la surface soit bien dorée. La béchamel doit bouillonner et la chapelure être croustillante. Laissez reposer 5 min avant de servir.

Salade de pâtes aux tomates rôties, à la mozzarella et au basilic

VÉGÉ

300 g d'un mélange de tomates (différentes tailles et couleurs sont conseillées pour ce plat), coupées en deux
5 gousses d'ail, avec la peau
Huile d'olive, pour rôtir
1 cuil. à soupe de basilic séché
1 cuil. à soupe de thym séché
2 cuil. à soupe de vinaigre balsamique
150 de *gnocchi sardi*
1 cuil. à soupe vinaigre de vin rouge
1 petit échalion, haché très finement
100 g d'olives de Kalamata, dénoyautées et coupées en deux
125 g de mozzarella *di bufala*, déchirée en morceaux de la taille d'une bouchée
Sel et poivre

Pour l'huile de basilic
2 grosses poignées de basilic frais plus quelques feuilles pour garnir
6 cl (4 cuil. à soupe) d'huile d'olive vierge extra

Une salade de pâtes très *tonique*. Si vous la préparez en été, quand les tomates sont de saison, elles donnent une tout autre dimension au plat. Ici, les tomates sont rôties lentement pour intensifier leur saveur et leur douceur, puis elles sont servies avec le mariage classique de la mozzarella *di bufala* et du basilic.

Préchauffez le four à 160 °C (th. 5-6) en mode convection naturelle ou à 140 °C (th. 4-5) en mode chaleur tournante.

Mettez les tomates sur une grande plaque de cuisson chemisée de papier sulfurisé. Assaisonnez généreusement avec du sel et du poivre. Arrosez-les d'un bon trait d'huile, puis ajoutez les herbes séchées et le vinaigre balsamique. Mélangez les tomates pour vous assurer qu'elles sont bien enrobées d'aromates et d'huile. Disposez-les de façon uniforme, face coupée vers le haut, sur la plaque, puis enfournez-les pour 45 min. Au terme de ce temps, ajoutez les gousses d'ail dans la plaque, puis enfournez cette dernière à nouveau 45 min, jusqu'à ce que les tomates soient bien rôties et que toute l'humidité soit évaporée.

Après que les tomates ont cuit pendant 1 h, préparez l'huile du basilic. Commencez par blanchir le basilic frais. Portez une casserole d'eau à ébullition et préparez un bol d'eau glacée. Plongez le basilic dans l'eau bouillante et faites-le cuire 20 s. Retirez le basilic de la casserole et plongez-le immédiatement dans l'eau glacée. Remuez-le dans l'eau glacée pendant 1 min, avant de presser l'excédent de liquide. Transférez-le dans le bol d'un mixeur ou d'un blender et ajoutez l'huile. Mixez 2 min pour obtenir un mélange homogène. Passez-le dans un tamis fin pour retirer les éventuels morceaux de basilic, puis réservez.

La suite page 139...

Mettez une grande casserole d'eau très salée à bouillir. Quand l'eau bout, plongez les *gnocchi sardi* et faites-les cuire *al dente*, en suivant les instructions du paquet. Égouttez-les et refroidissez-les sous l'eau froide du robinet.

Transférez les pâtes refroidies dans un grand saladier. Ajoutez la moitié de l'huile de basilic, le vinaigre, l'échalion et les olives. Assaisonnez bien avec un peu de sel et beaucoup de poivre, puis mélangez bien le tout.

Sortez les tomates du four et laissez-les refroidir un peu pendant 5 min environ. Incorporez les tomates au saladier avec les pâtes et pressez les gousses d'ail pour en récupérer la pulpe. Remuez délicatement pour bien mélanger le tout. Recouvrez ensuite avec la mozzarella déchirée, puis arrosez avec l'huile de basilic restante et garnissez avec les feuilles de basilic réservées à cet effet.

Bar entier et ragù d'aubergine aux olives de Kalamata

MER

Huile d'olive, pour frire et rôtir
1 aubergine, coupée en dés de 1 cm
35 g de beurre salé
1 petit oignon blanc, haché très finement
1 branche de céleri, taillée en fine brunoise
2 gousses d'ail, hachées finement
1 poignée de taille moyenne de basilic frais, feuilles et tiges séparées
150 g d'olives de Kalamata, dénoyautées et coupées en deux
1 cuil. à soupe de câpres, hachées grossièrement
2 cuil. à soupe de concentré de tomates
400 g de tomates prune en conserve
1 cuil. à soupe de vinaigre de vin rouge
1 cuil. à café de sucre semoule
150 g de *linguine*
Sel et poivre

La cuisson lente mijotée pendant une heure transforme toutes les saveurs de cette sauce. La puissante teneur en sel des olives et des câpres est adoucie par la cuisson avec la chair douce et tendre de l'aubergine. Le tout est servi avec un bar entier rôti et constitue un plat de pâtes succulent. Un bar de taille moyenne suffit pour deux personnes.

Préchauffez le four à 170 °C (th. 5-6) en mode convection naturelle ou à 150 °C (th. 5) en mode chaleur tournante.

Commencez par préparer le *ragù*. Faites chauffer un généreux filet d'huile dans une grande poêle à frire à feu vif. Ajoutez l'aubergine et faites frire les dés pendant 3 min, sans les toucher ni secouer la poêle, jusqu'à ce qu'ils aient bien doré, puis retournez-les et faites-les dorer de l'autre côté. Baissez le feu à moyen-doux et ajoutez le beurre dans la poêle. Incorporez l'oignon et le céleri, puis faites-les cuire doucement pendant 10 min, jusqu'à ce qu'ils soient tendres et deviennent translucides.

Ajoutez l'ail et faites-le frire pendant 1 min. Ciselez finement les tiges de basilic et ajoutez-les dans la poêle. Incorporez les olives, les câpres et le concentré de tomates. Mélangez bien pendant 5 min, en remuant régulièrement. Ajoutez les tomates prune, le vinaigre et le sucre. Assaisonnez bien avec du sel et du poivre, puis versez 10 cl d'eau. Mélangez le tout, puis transvasez le contenu de la poêle dans un plat allant au four. Couvrez le plat avec un couvercle ou avec du papier d'aluminium et enfournez pour 30 min, en remuant à mi-cuisson.

Pour le bar

1 bar de taille moyenne, vidé et écaillé
Le zeste et le jus de 1 citron bio
1 grosse branche de romarin

Après 30 min, montez la température à 200 °C (th. 6-7) en mode convection naturelle ou à 180 °C (th. 6) en mode chaleur tournante, en laissant la sauce à l'intérieur pour qu'elle cuise.

Déposez le bar sur une feuille de papier d'aluminium et placez-le dans un plat à rôtir. Entaillez le dessus de la peau à quatre reprises. Arrosez-le d'un filet d'huile et saupoudrez-le de zeste de citron. Pressez le jus de citron sur le dessus et assaisonnez bien avec du sel et du poivre. Massez la peau du bar avec vos doigts, puis insérez le romarin dans la cavité du poisson. Enfournez-le et laissez-le rôtir 20 à 25 min, jusqu'à ce qu'il soit cuit à cœur. Le temps exact de cuisson dépend de la taille du poisson. Pour vérifier s'il est cuit, pressez légèrement la partie la plus épaisse de la chair avec une cuillère. Si le poisson est cuit, la chair commencera à se désagréger doucement et à s'effriter.

Pendant que le poisson cuit, mettez une grande casserole d'eau très salée à bouillir. Quand il reste 10 min de cuisson pour le poisson, plongez les *linguine* dans l'eau bouillante et faites-les cuire *al dente*, en suivant les instructions données sur le paquet.

Égouttez les *linguine* et remettez-les dans la casserole. Retirez la sauce du four et versez-la dans les pâtes. Déchirez les feuilles de basilic fraîches, puis remuez le tout. Répartissez la préparation dans deux assiettes creuses ou dressez le tout sur un plat de service, en déposant le bar sur le dessus.

Spaghettis à l'oignon, à l'anchois avec une chapelure de gruyère

MER

50 g de beurre salé
1 gros oignon blanc, émincé finement
Les feuilles de quelques branches de thym frais
½ cuil. à soupe de cassonade
80 g de gruyère râpé finement
2 tranches de pain blanc rassis, réduites en fine chapelure à l'aide d'un mixeur
1 gousse d'ail, hachée finement
4 filets d'anchois à l'huile, égouttés et hachés grossièrement
½ cuil. à café de flocons de piment séché
1 cuil. à soupe de concentré de tomates
½ cuil. à soupe de farine tous usages
10 cl de fond brun de bœuf
1 cuil. à soupe de sauce Worcestershire
150 g de spaghettis

Cette recette s'inspire de la soupe à l'oignon française. Des oignons doux et compotés sont ici associés à des anchois salés et ils constituent la base de ce plat. La chapelure au gruyère est une revisite des croûtons au fromage que l'on trouve généralement en train de bouillonner sur le grand classique français.

Commencez par faire caraméliser l'oignon. Mettez la moitié du beurre dans une casserole à feu doux. Faites-le fondre. Ajoutez l'oignon dans la casserole, ainsi que les feuilles de thym et le sucre. Assaisonnez bien avec du sel et du poivre et mélangez. Laissez mijoter le tout pendant 20 min, jusqu'à ce que l'oignon soit tendre et translucide. Veillez à conserver un feu doux, car l'oignon ne doit pas colorer à ce stade. Il doit juste suer et ramollir.

Pendant que l'oignon cuit, préparez la chapelure. Préchauffez le gril à une température élevée. Parsemez le gruyère râpé de façon homogène sur une plaque de cuisson chemisée avec du papier sulfurisé. Enfournez sous le gril pendant 4 à 5 min environ, jusqu'à ce que le fromage fonde et commence à bouillonner vivement. Après quelques minutes, quand les bouillons cesseront, le fromage va commencer à dorer légèrement. Surveillez-le attentivement, car il va vite noircir et avoir le goût de brûlé. Quand le fromage est doré clair, retirez la plaque du gril et laissez-le refroidir.

Pendant ce temps, mettez le beurre restant dans une petite poêle à frire et faites-le fondre à feu moyen. Ajoutez la chapelure et mélangez bien. Faites-la revenir 4 min environ, jusqu'à ce qu'elle dore et croustille. Transférez-la dans un petit bol.

La suite page 146...

1 petite poignée de persil
plat frais, ciselé finement
Sel et poivre

Une fois le gruyère refroidi, transférez-le du papier à une planche à découper. Hachez finement le fromage pour obtenir une texture fine, puis ajoutez la chapelure. Mélangez bien et réservez.

Mettez une grande casserole d'eau très salée à bouillir.

Quand l'oignon a cuit pendant 20 min, incorporez l'ail, les anchois et les flocons de piment. Poursuivez la cuisson pendant quelques minutes, avant de passer à un feu moyen-vif et d'ajouter le concentré de tomates, puis la farine. Mélangez bien et faites revenir le tout pendant 2 min, jusqu'à ce que cela grésille et soit parfumé. Ajoutez le fond de bœuf, en l'incorporant petit à petit et en remuant entre chaque ajout, afin que la farine ne fasse pas de grumeaux. Quand tout le bouillon a été incorporé, goûtez et rectifiez l'assaisonnement. Laissez mijoter à feu doux pendant encore 20 min, en remuant régulièrement. Au terme de ce temps de cuisson, le bouillon doit avoir un peu réduit et épaissi pour créer une sauce épaisse avec les oignons caramélisés.

Après que la sauce a mijoté pendant 10 min, plongez les spaghettis dans l'eau bouillante et faites-les cuire *al dente*, en suivant les instructions données sur le paquet.

Pendant ce temps, ajoutez le persil ciselé à la chapelure et mélangez bien.

Égouttez les spaghettis et ajoutez-les à la sauce. Remuez le tout sur le feu pendant 1 min, avant de répartir les pâtes dans 2 assiettes creuses. Recouvrez de quelques cuillerées de chapelure.

Sauce puttanesca rôtie avec du cabillaud poêlé

MER

Huile d'olive, pour cuire
2 grosses gousses d'ail, hachées finement
1 piment rouge, épépiné et haché finement
3 filets d'anchois à l'huile, égouttés et hachés finement
1½ cuil. à soupe de câpres, hachées finement
75 g d'olives noires, dénoyautées et coupées en deux
1 cuil. à soupe d'origan séché
400 g de tomates concassées en conserve
100 g de tomates cerise, coupées en deux
1 cuil. à soupe de vinaigre de vin rouge
1 cuil. à café de sucre
150 g de spaghettis
1 petite poignée de feuilles de basilic frais, déchirées
Sel et poivre

Pour le cabillaud
2 dos de cabillaud, levés sans la peau
40 g de beurre salé
1 citron bio, zesté puis coupé en deux pour en extraire le jus

Les saveurs de la sauce *puttanesca* – à base de piment, d'anchois, de câpres, d'ail, d'olives, de tomates et d'huile d'olive – imprègnent merveilleusement le poisson. Cette version fait rôtir lentement la sauce dans le four, en intensifiant les saveurs et en laissant aux ingrédients le temps de se mélanger. Servez accompagné d'une pièce de cabillaud parfaitement poêlée.

Préchauffez le four à 170 °C (th. 5-6) en mode convection naturelle ou à 150 °C (th. 5) en mode chaleur tournante.

Préparez la sauce *puttanesca.* Ajoutez un trait généreux d'huile d'olive dans une grande casserole et placez-la sur un feu moyen-doux. Ajoutez l'ail et le piment, puis faites-les revenir 3 min, jusqu'à ce qu'ils grésillent et soient parfumés. Incorporez les anchois, les câpres, les olives et l'origan. Mélangez bien le tout et faites-le revenir 2 min. Ajoutez les tomates en conserve et les tomates fraîches, le vinaigre et le sucre. Assaisonnez bien avec du sel et du poivre, puis portez à frémissement. Une fois que la sauce mijote, transférez-la dans un plat allant au four avec un couvercle. Enfournez et laissez rôtir 45 min, en remuant à mi-cuisson.

Après que la sauce a cuit pendant 35 min, mettez une grande casserole d'eau très salée à bouillir. Quand l'eau bout, plongez-y les spaghettis et faites-les cuire *al dente*, en suivant les instructions données sur le paquet.

Pendant ce temps, faites chauffer un généreux trait d'huile dans une poêle à frire à feu moyen-vif. Assaisonnez le cabillaud avec du sel et du poivre. Déposez le poisson dans la poêle chaude et faites-le cuire 4 à 5 min d'un côté, jusqu'à ce qu'il commence à dorer et qu'une croûte se forme. Après 5 min, retournez-le et baissez à feu moyen-doux.

La suite page 149...

Ajoutez le beurre et le zeste de citron. Arrosez les dos de cabillaud avec le beurre, en versant continuellement le beurre fondu sur le poisson pendant 3 min jusqu'à ce que le cabillaud soit cuit. Retirez-le de la poêle et laissez-le reposer pendant que vous terminez le plat.

Égouttez les spaghettis et remettez-les dans la casserole.

Sortez la sauce *puttanesca* du four, puis versez-la dans le plat avec les pâtes. Ajoutez le basilic déchiré et remuez le tout sur le feu pendant 1 min. Répartissez la préparation dans deux assiettes creuses, recouvrez avec le cabillaud et pressez un peu de jus de citron sur le poisson.

Tagliatelles aux encornets mijotés et au citron confit

MER

Huile d'olive, pour cuire et pour arroser
1 petit oignon blanc, haché finement
1 piment rouge, épépiné et haché finement
½ cuil. à café de flocons de piment séché
1 grosse gousse d'ail, hachée finement
2 cuil. à soupe de concentré de tomates
220 g de tomates cerise, coupées en deux
10 cl de *passata* de tomates
8 cl de vin blanc sec
1 cuil. à soupe de vinaigre de vin rouge
1 cuil. à café de sucre semoule
½ citron confit, haché très finement,
350 g de tubes d'encornets frais, nettoyés et coupés en anneaux de 1 cm d'épaisseur
150 g de tagliatelles
1 petite poignée de persil plat frais, ciselé finement
Le zeste de 1 citron bio
Sel et poivre

Les encornets sont cuits lentement jusqu'à ce qu'ils soient tendres, dans une sauce tomate chaude, aromatisée au citron confit doux et acidulé.

Ajoutez un généreux trait d'huile dans une grande casserole munie d'un couvercle. Placez-la sur un feu moyen-doux et ajoutez l'oignon, le piment et les flocons de piment. Faites-les revenir 5 min, jusqu'à ce qu'ils soient tendres et parfumés. Ajoutez l'ail et faites-le revenir 1 min avant d'ajouter le concentré de tomates, les tomates cerise, la *passata*, le vin, le vinaigre, le sucre et le citron confit. Assaisonnez bien avec du sel et du poivre. Mélangez bien, puis ajoutez les encornets, en veillant à ce qu'ils soient bien immergés. Placez le couvercle sur la casserole et laissez mijoter à feu très doux pendant 1 h. Veillez à garder le feu aussi bas que possible, car vous ne devez voir que quelques rares bulles remonter à la surface, mais pas plus. Après 1 h, les encornets doivent être très tendres et peuvent être coupés à la cuillère.

Quand les encornets ont déjà cuit pendant 40 min, mettez une grande casserole d'eau très salée à bouillir. Quand l'eau bout, plongez-y les tagliatelles et faites-les cuire *al dente* en suivant les instructions données sur le paquet.

Égouttez les pâtes et mettez-les dans la casserole avec la sauce. Ajoutez le persil ciselé et le zeste de citron. Mélangez bien le tout. Répartissez la préparation dans deux assiettes creuses et arrosez le dessus d'un filet d'huile d'olive vierge extra.

Fregola aux légumes de printemps, poulet rôti au citron et au thym

TERRE

80 g de beurre salé à température ambiante
Le zeste et le jus de 2 citrons bio
Les feuilles de quelques branches de thym frais
1 cuil. à soupe d'origan séché
1 poulet fermier d'environ 1,5 kg
Huile d'olive, pour cuire
1 petit oignon blanc, haché finement
2 gousses d'ail, hachées finement
8 cl de vin blanc sec
30 cl de bouillon de volaille
1 grosse poignée de persil plat frais, ciselé finement
150 g de *fregola*
120 g d'asperges vertes, débarrassées de leurs extrémités ligneuses et coupées en trois dans la diagonale
100 g de pois gourmands
100 g de petits pois
Sel et poivre

Cette recette est destinée aux journées printanières et estivales, trop chaudes pour servir une volaille entière de manière traditionnelle. Voici une façon beaucoup plus légère et fraîche de servir le poulet rôti, aromatisé avec un beurre au citron et au thym. La *fregola* est cuite à la poêle dans du vin blanc et de l'ail, puis ajoutée au poulet rôti pour absorber tout son jus savoureux. À servir avec des légumes verts croquants.

Préchauffez le four à 200 °C (th. 6-7) en mode convection naturelle ou à 180 °C (th. 6) en mode chaleur tournante.

Mélangez le beurre, le zeste et le jus de citron, le thym et l'origan dans un petit bol. Assaisonnez avec beaucoup de poivre et un petit peu de sel. Placez le poulet, poitrine vers le haut, dans un grand plat à rôtir. En vous aidant du dos d'une cuillère en métal, détachez la peau de la carcasse à l'extrémité du cou de la volaille. Vous pouvez ainsi insérer le beurre aromatisé sous la peau du poulet et recouvrir toute la chair. Cela permet de garder la viande succulente et de la parfumer pendant la cuisson. Mettez les moitiés de citron pressées dans la cavité du poulet pour plus de saveur. Enfournez le poulet et laissez-le rôtir 1 h.

Pendant ce temps, versez un trait généreux dans une grande poêle sur un feu moyen. Ajoutez l'oignon et faites-le revenir 5 min, jusqu'à ce qu'il soit tendre et translucide. Ajoutez ensuite l'ail et faites-le revenir 1 min. Versez le vin blanc et laissez-le mijoter pendant quelques minutes, le temps que l'alcool s'évapore, puis ajoutez le bouillon de volaille et le persil. Assaisonnez bien avec du sel et du poivre. Ajoutez la fregola et remuez bien le tout avant d'éteindre le feu et de laisser reposer dans la poêle.

La suite page 154...

Quand le poulet a rôti pendant 1 h, sortez-le du four. Mettez la *fregola* et le mélange à l'oignon dans le plat, en faisant en sorte que cela entoure le poulet. Enfournez à nouveau pour 10 min de cuisson, puis sortez le poulet du four et ajoutez les asperges, les pois gourmands et les petits pois. Incorporez délicatement les légumes dans la *fregola* et enfournez encore pour 10 min, jusqu'à ce que les légumes soient tendres et que le jus du poulet soit clair.

Couvrez le plat avec du papier d'aluminium et laissez reposer dans un lieu chaud pendant 10 min avant de découper le poulet en morceaux (vous pourrez utiliser les restes de poulet dans ma recette du Bouillon au poulet et aux pleurotes, voir page suivante). Dressez le poulet sur la *fregola* et des légumes printaniers.

Bouillon au poulet et aux pleurotes

TERRE

1 carcasse entière de poulet (voir page 153) ou 1 kg d'ailes de poulet rôti
1 carotte, coupée en quatre
1 branche de céleri, coupée en quatre
1 oignon, coupé en quatre
2 poireaux, parés, nettoyés, puis coupés en morceaux de 2,5 cm
3 gousses d'ail, pelées et laissées entières
4 branches de thym frais
2 feuilles de laurier
4 grains de poivre noir
1 clou de girofle entier
1½ cuil. à soupe de sauce soja foncée
120 g d'*anelli*
50 g de beurre salé
200 g de pleurotes, déchirés grossièrement
1 citron, coupé en deux pour en extraire le jus
1 petite poignée de persil plat frais, ciselé grossièrement
Crème fraîche, pour servir
Sel et poivre

Cette recette est idéale pour utiliser des restes de poulet rôti. Pour ce plat, cela vaut le coup de consacrer un peu de temps et d'efforts pour réaliser vous-même votre bouillon de volaille, qui est encore plus savoureux et réconfortant après avoir réduit. Pour augmenter le nombre de portions, il vous suffit d'augmenter la quantité d'eau pour préparer le bouillon et d'ajouter plus d'os de poulet, voire une deuxième carcasse.

Commencez par préparer le bouillon. Placez la carcasse de poulet (ou les ailes) dans une casserole suffisamment grande pour accueillir sans problème le poulet. Remplissez avec précaution la casserole d'eau pour couvrir le poulet d'environ 2,5 cm. Mettez la carotte, le céleri, l'oignon, la moitié des poireaux coupés, 2 gousses d'ail, le thym, les feuilles de laurier, les grains de poivre noir et le clou de girofle dans la poêle. Faites chauffer la casserole sur le feu le plus doux possible et faites cuire à frémissement pendant 2 h. Le bouillon ne doit pas bouillir. Vous pouvez voir quelques rares bulles remonter à la surface, mais pas plus. Débarrassez la surface du bouillon de son écume, au fur et à mesure qu'elle se forme.

Après 2 h, passez le bouillon à travers un chinois dans une autre grande casserole. Débarrassez la carcasse de poulet et laissez refroidir.

Placez la casserole sur un feu vif et ajoutez la sauce soja. Portez à ébullition à feu très vif pendant 20 min environ ou jusqu'à ce que le bouillon ait réduit de moitié. Cette réduction intensifiera la saveur de manière significative.

Ôtez la chair de poulet restante sur la carcasse. Réservez.

La suite page 156...

Quand le bouillon a réduit de moitié, baissez à feu moyen et ajoutez les *anelli*. Faites-les cuire *al dente*, en suivant les instructions sur le paquet.

Pendant ce temps, faites cuire les champignons. Mettez le beurre dans une poêle à frire sur un feu moyen. Quand le beurre fondu mousse, ajoutez les champignons et les poireaux restants. Faites suer le tout pendant 6 min. Hachez finement la gousse d'ail restante et incorporez-la dans la casserole avec un généreux trait de jus de citron pressé. Ajoutez un peu de sel et de poivre. Mélangez bien, puis éteignez le feu et réservez le temps que les pâtes cuisent.

Quand les *anelli* sont cuits *al dente*, incorporez les morceaux de poulet au bouillon. Répartissez dans deux assiettes creuses et dressez sur le dessus la poêlée de pleurotes et de poireaux. Terminez en ajoutant du persil ciselé et une cuillerée de crème fraîche.

Ragù de jarret de bœuf au merlot

TERRE

2 cuil. à soupe de farine tous usages
Huile d'olive, pour cuire
250 g de jarret de bœuf, coupé en morceaux de 5 cm
1 oignon blanc, haché finement
1 grosse carotte, hachée finement
1 branche de céleri, hachée finement
1 grosse gousse d'ail
3 filets d'anchois à l'huile, égouttés et hachés finement
3 cuil. à soupe de concentré de tomates
15 cl de merlot ou d'un autre vin rouge moyennement corsé
1 feuille de laurier
Les feuilles de 2 branches de thym frais
400 g de tomates concassées en conserve
20 cl de bouillon de bœuf
1 cuil. à soupe de cassonade
150 g de *pappardelle*
Parmesan, râpé finement, pour finir
Sel et poivre

Cette somptueuse recette de jarret de bœuf au vin rouge est un véritable travail d'amour. Plus la cuisson est longue, meilleur est le résultat final, car la viande a ainsi le temps de se décomposer, de s'attendrir et d'enrichir la sauce de ses saveurs. Une mijoteuse peut tout à fait être utilisée pour faire cuire ce *ragù*.

Préchauffez le four à 170 °C (th. 5-6) en mode convection naturelle ou à 150 °C (th. 5) en mode chaleur tournante.

Mettez la farine dans une assiette creuse et assaisonnez bien avec du sel et du poivre. Faites chauffer un bon trait d'huile dans une grande cocotte à feu moyen-vif. Mettez les morceaux de jarret dans l'assiette et enduisez-les délicatement de farine pour qu'ils soient recouverts de toutes parts. Secouez-les pour ôter l'excédent de farine puis ajoutez le bœuf par poignées dans l'huile chaude, en veillant à ne pas encombrer la poêle. Faites dorer la viande jusqu'à ce qu'elle soit bien caramélisée. Il faut 6 à 8 min pour assurer la caramélisation. Ne touchez pas la viande pendant quelques minutes afin qu'elle colore bien avant que vous la retourniez pour la faire dorer de part en part. Quand elle est dorée, retirez la viande de la poêle et mettez-la dans une grande casserole munie d'un couvercle. Répétez l'opération avec les morceaux de viande restants.

Baissez à feu moyen-doux. Ajoutez un généreux trait d'huile, suivi de l'oignon, de la carotte et du céleri. Faites revenir le tout 5 min ou jusqu'à ce que les légumes soient tendres et l'oignon translucide.

Ajoutez l'ail et les anchois, puis faites-les revenir 1 min, avant d'ajouter le concentré de tomates. Laissez cuire 1 min, puis versez le vin rouge pour déglacer la cocotte, en grattant le fond pour récupérer les sucs caramélisés qui ont attaché.

Versez le vin rouge et le mélange à base d'oignon dans la cocotte. Ajoutez les herbes, les tomates, le bouillon de bœuf et le sucre. Assaisonnez bien avec du sel et du poivre. Posez le couvercle sur la cocotte et enfournez-la pour 3 h minimum ou jusqu'à ce que la viande soit très tendre et s'effiloche.

Quand le *ragù* est cuit, mettez une grande casserole d'eau très salée à bouillir. Plongez les *pappardelle* dans l'eau bouillante et faites-les cuire *al dente*, en suivant le temps indiqué sur le paquet. Égouttez-les et ajoutez-les au *ragù* cuit. Mélangez bien et rectifiez l'assaisonnement. Répartissez la préparation dans deux assiettes creuses et finissez en ajoutant du parmesan juste avant de servir.

Ragù d'agneau au romarin et à la chapelure

TERRE

100 g de lardons de *pancetta*
Huile d'olive, pour frire
350 g d'épaule d'agneau, coupée en morceaux de 1 cm
1 grosse carotte, hachée finement
1 oignon blanc, haché finement
2 poivrons, émincés finement
2 grosses gousses d'ail, hachées finement
5 filets d'anchois à l'huile, égouttés et hachés finement
Les feuilles de 6 branches de romarin frais, ciselées finement
1 feuille de laurier
2 cuil. à soupe de concentré de tomates
1 cuil. à soupe de vinaigre balsamique
400 g de tomates concassées en conserve
120 g de tomates prune, coupées en quatre
150 g de *pappardelle*
40 g de beurre salé

Voici un autre *ragù* mijoté doucement. Très savoureux, riche en herbes et en poivron, il est souligné par l'ajout d'une chapelure au romarin, qui apporte un contraste salé et croustillant.

Préchauffez le four à 170 °C (th. 5-6) en mode convection naturelle ou à 150 °C (th. 5) en mode chaleur tournante.

Mettez la *pancetta* et un petit filet d'huile dans une grande poêle à frire sur un feu moyen-vif. Faites-la frire pendant 5 min ou jusqu'à ce que la *pancetta* ait caramélisé et soit bien dorée de part et d'autre. Débarrassez-la à l'aide d'une écumoire et déposez-la dans une cocotte munie d'un couvercle, en laissant la graisse dans la poêle.

Assaisonnez l'agneau sur toute sa surface avec du sel et du poivre. Mettez la moitié de la viande dans la poêle et faites-la cuire pendant 4 min à feu vif sur un côté, sans la toucher, puis retournez les morceaux afin qu'ils dorent sur toutes leurs faces. À l'aide d'une écumoire, transférez la viande dans la cocotte avec la *pancetta* et répétez l'opération avec les morceaux d'agneau restants.

Quand l'agneau est doré, baissez à feu moyen et versez un trait généreux d'huile dans la poêle. Faites revenir les carottes, l'oignon et les poivrons 5 min, jusqu'à ce qu'ils commencent à s'attendrir. Ajoutez l'ail, les anchois, la moitié du romarin ciselé et la feuille de laurier. Laissez cuire 2 min, puis ajoutez le concentré de tomates, le vinaigre et toutes les tomates. Mélangez bien et assaisonnez généreusement avec du sel et du poivre. Couvrez la cocotte avec le couvercle et enfournez pour 3 h ou jusqu'à ce que l'agneau soit très tendre et se détache à la cuillère.

La suite page 162...

½ cuil. à soupe de romarin séché
2 tranches de pain blanc rassis, réduites en fine chapelure à l'aide d'un mixeur
Sel et poivre

Quand il reste 20 min de temps de cuisson pour le *ragù*, mettez une grande casserole d'eau très salée à bouillir.

Pendant ce temps, préparez la chapelure. Mettez le beurre dans une poêle à frire sur un feu moyen. Quand le beurre a fondu, ajoutez le romarin séché et la moitié restante de romarin frais. Ajoutez la chapelure et mélangez bien. Faites revenir le tout pendant 5 min, en remuant souvent pour éviter que cela brûle. Quand elle est frite, la chapelure doit être croustillante et bien dorée. Retirez-la de la casserole et réservez.

Plongez les *pappardelle* dans l'eau bouillante et faites-les cuire *al dente*, en suivant le temps indiqué sur le paquet.

Égouttez les pâtes et mettez-les dans la cocotte. Mélangez bien, en remuant pendant 1 à 2 min, en effilochant l'agneau. Goûtez et rectifiez l'assaisonnement. Répartissez la préparation dans deux assiettes creuses et garnissez de chapelure.

Lasagnes aux épinards, à la pancetta et au taleggio

TERRE

- 200 g de *pancetta* coupée en dés
- 70 g de beurre salé
- 1 petit oignon blanc, haché finement
- 1 poireau, paré, nettoyé et émincé finement
- 2 gousses d'ail, hachées finement
- 6 cl (4 cuil. à soupe) de vin blanc sec
- 500 g de jeunes pousses d'épinards
- Le zeste de 1 citron bio
- 1 poignée de persil plat, ciselé fraîchement, plus un peu pour finir
- 40 g de farine tous usages
- 35 cl de lait entier
- 60 g de parmesan râpé finement
- 150 g de *taleggio*, la moitié coupée en petits dés
- Noix muscade râpée fraîchement (ou en poudre)
- 2 jaunes d'œufs
- 9 feuilles de lasagnes
- Huile, pour graisser
- Sel et poivre

Cette recette de lasagnes se démarque par son originalité. Ici, le traditionnel *ragù* de viande est remplacé par un mélange épinard-poireau agrémenté de beaucoup de *pancetta* salée. Cette garniture est montée entre des feuilles de lasagnes et recouverte d'une béchamel enrichie avec des jaunes d'œufs et du fromage *taleggio* crémeux.

Mettez tout d'abord la *pancetta* dans une grande poêle à frire sur un feu vif et laissez-la rendre sa graisse. Faites-la frire pendant 5 min environ, jusqu'à ce que la *pancetta* commence à être bien caramélisée, en la tournant et en remuant souvent pour vous assurer qu'elle dore de part en part. Débarrassez la *pancetta* de la poêle, en utilisant une écumoire, et réservez.

Ajoutez 30 g de beurre dans la poêle, ainsi que l'oignon et le poireau. Faites-les suer à feu doux pendant 15 min, jusqu'à ce qu'ils soient tendres. Ajoutez l'ail et faites-le revenir 2 min. Augmentez à feu vif et versez le vin. Laissez-le bouillonner pendant 2 min avant d'ajouter les épinards, le zeste de citron et le persil. Assaisonnez bien avec du sel et du poivre, puis remettez la *pancetta* dans la poêle et baissez à feu moyen-doux. Remuez pendant quelques minutes, jusqu'à ce que les épinards soient complètement tombés et le mélange homogène. Retirez du feu et laissez reposer le temps de préparer la béchamel.

Mettez les 40 g de beurre restant dans une poêle de taille moyenne sur un feu moyen. Quand le beurre mousse, ajoutez la farine et mélangez bien. Remuez sur le feu pendant 2 min pour éliminer la saveur brute de la farine. Versez le lait petit à petit, en fouettant entre chaque ajout, afin d'éviter la formation de grumeaux.

La suite page 165...

Quand le lait est totalement incorporé, ajoutez la moitié du parmesan, les dés de *taleggio* et un peu de noix muscade râpée. Fouettez sur le feu jusqu'à ce que les fromages aient fondu. Assaisonnez bien avec du sel et du poivre. Quand la béchamel a épaissi à la consistance d'une crème fraîche épaisse, retirez-la du feu et incorporez les jaunes d'œufs. Réservez.

Préchauffez le four à 200 °C (th. 6-7) en mode convection naturelle ou à 180 °C (th. 6) en mode chaleur tournante. Mettez une grande casserole d'eau très salée à bouillir. Quand l'eau bout, faites cuire partiellement les feuilles de lasagnes pendant 4 min. Égouttez-les et refroidissez-les sous l'eau froide du robinet afin de stopper leur cuisson.

Pour assembler les lasagnes, huilez légèrement le fond d'une petite cocotte ou d'un plat à gratin pouvant accueillir la taille des feuilles de lasagnes. Étalez 3 feuilles côte à côte dans le plat, en faisant en sorte qu'elles se chevauchent légèrement, afin de créer la première couche de pâte. Étalez de façon uniforme un tiers de la préparation à base de *pancetta* et d'épinards sur la couche de lasagnes. Versez un tiers de béchamel, puis répétez ce processus à deux reprises, afin de monter trois couches de chaque composant. Parsemez le parmesan et le *taleggio* restants sur le dessus. Enfournez à mi-hauteur pendant 30 min, jusqu'à ce que la surface soit bien dorée et bouillonnante. Parsemez le persil restant et laissez reposer 10 min avant de servir.

Ragù de canard croustillant à la vénitienne

TERRE

Huile d'olive, pour cuire
2 cuisses de canard, avec la peau
2 échalions, taillés en fine brunoise
1 grosse gousse d'ail, hachée finement
1 feuille de laurier
Les feuilles de quelques branches de romarin, ciselées finement
2 cuil. à café de cannelle en poudre
1½ cuil. à soupe de concentré de tomates
12,5 cl de vin blanc
400 g de tomates concassées en conserve
1 cuil. à café de sucre semoule
50 cl de lait entier
50 g de beurre salé
100 g de chapelure fraîche
150 g de *paccheri*
1 petite poignée de persil plat frais, ciselé finement
Sel et poivre

Ce *ragù* riche à base de canard est un plat traditionnel en Vénétie, la région de Venise. Il est aromatisé à la cannelle et au vin blanc, ce qui lui confère une grande profondeur et une saveur hivernale. Servez-le avec une chapelure croustillante réalisée à partir de la peau du canard, afin de créer un contraste plaisant avec la viande très tendre.

Préchauffez le four à 170 °C (th. 5-6) en mode convection naturelle ou à 150 °C (th. 5) en mode chaleur tournante.

Versez un filet d'huile dans une grande poêle à frire. Mettez les cuisses de canard dans la poêle encore froide, placée sur un feu moyen. Faites-les cuire 5 min, sans les toucher. Le canard va rendre sa graisse et la peau va commencer à colorer et à devenir croustillante. Quand elle a bien coloré, retournez les cuisses et faites-les revenir 3 min. Débarrassez-les de la poêle et réservez-les.

Faites revenir les échalions dans la même poêle à frire à feu moyen-doux pendant 5 min, jusqu'à ce qu'ils soient tendres et translucides. Ajoutez l'ail et poursuivez la cuisson pendant 2 min. Incorporez la feuille de laurier, le romarin, la cannelle et le concentré de tomates, puis mélangez bien et laissez cuire à nouveau 2 min. Versez le vin et augmentez à feu vif pour le faire bouillonner 2 min afin que l'alcool s'évapore. Ajoutez les tomates, le sucre et le lait. Assaisonnez bien avec du sel et du poivre, puis transférez le contenu de la poêle dans un petit plat allant au four. Retirez la peau des cuisses de canard et réservez-la. Mettez les cuisses dans le plat avec la sauce, en veillant à ce qu'elles soient le plus immergées possible. Couvrez le plat avec un couvercle ou du papier d'aluminium et enfournez pour 3 h de cuisson.

La suite page 168...

Pendant que le *ragù* mijote lentement, préparez la chapelure. Hachez très finement la peau de canard et mettez-la dans une poêle à frire sans matière grasse. Faites-la revenir à feu moyen pendant 3 min environ, jusqu'à ce qu'elle soit bien dorée. Ajoutez le beurre. Quand il a fondu et mousse, ajoutez la chapelure. Assaisonnez avec du sel et du poivre. Faites revenir le tout pendant 3 min environ, en remuant fréquemment, jusqu'à ce que la chapelure soit croustillante et bien dorée. Débarrassez-la et réservez-la.

Après que le canard a cuit pendant 2 h 30, mettez une grande casserole d'eau très salée à bouillir.

Quand il reste 15 min de cuisson pour le canard, sortez-le du four. Utilisez deux fourchettes pour détacher la viande des os et pour l'effilocher. Remettez l'effiloché de canard dans la sauce et mélangez bien. Couvrez le plat et enfournez-le à nouveau, le temps que les pâtes cuisent.

Plongez les *paccheri* dans l'eau bouillante et faites-les cuire *al dente*, en respectant le temps indiqué sur le paquet.

Égouttez les pâtes et remettez-les dans la casserole. Ajoutez le *ragù*, puis remuez pour bien mélanger le tout. Répartissez dans deux assiettes creuses.

Pour finir, ajoutez le persil ciselé dans la chapelure et parsemez cette dernière sur le *ragù* avant de servir.

Macaronis au fromage, au lard, à la châtaigne et au thym

TERRE

20 cl de lait entier
7,5 cl (5 cuil. à soupe) de crème liquide légère
180 g de châtaignes entières cuites
2 gousses d'ail, pelées et laissées entières
1 feuille de laurier
8 tranches de lard fumé, coupées en lardons
Huile d'olive, pour cuire
Les feuilles de quelques branches de thym
50 g de beurre salé
50 g de farine tous usages
Noix muscade râpée fraîchement (ou en poudre)
80 g de cheddar mature râpé finement
120 g de mozzarella râpée
1 cuil. à soupe de moutarde de Dijon
200 g de macaronis
2 tranches de pain au levain, débarrassées de la croûte, puis réduites en chapelure à l'aide d'un mixeur
1 cuil. à soupe de thym séché
Sel et poivre

Pour un plat de macaronis au fromage ultraréconfortant, les châtaignes apportent une note douce et beurrée qui sublime la traditionnelle sauce Béchamel. Cette dernière est ensuite mixée avec du lard croustillant et un mélange de cheddar et de mozzarella.

Faites tout d'abord infuser le lait pour la sauce. Versez le lait et la crème dans une petite casserole avec les châtaignes, l'ail et la feuille de laurier. Assaisonnez bien avec du sel et du poivre, puis placez sur un feu doux. Laissez mijoter 20 min à feu très doux pour que le lait infuse.

Après 20 min, passez le mélange de lait et de crème à travers un chinois dans un pichet. Récupérez les châtaignes dans le tamis et réservez-les.

Préchauffez le four à 200 °C (th. 6-7) en mode convection naturelle ou à 180 °C (th. 6) en mode chaleur tournante. Mettez une grande casserole d'eau très salée à bouillir.

Pendant ce temps, faites frire le lard avec un petit filet d'huile dans une poêle, jusqu'à ce qu'il soit bien doré et croustillant. Hachez grossièrement les châtaignes réservées et mélangez-les au lard avec les feuilles de thym. Réservez.

Pour réaliser la béchamel, mettez le beurre dans une casserole sur un feu moyen. Quand le beurre a fondu, ajoutez la farine. Mélangez-les et continuez de remuer sur le feu pendant 2 min pour éliminer la saveur brute de farine. Versez peu à peu le mélange de lait et de crème infusés, en fouettant entre chaque ajout, afin d'éviter la formation de grumeaux. Une fois tout le liquide incorporé, ajoutez un peu de noix muscade râpée, puis incorporez le cheddar, la moitié de la mozzarella et la moutarde.

La suite page 171...

Assaisonnez bien avec du sel et du poivre, puis portez à frémissement en remuant sans cesse. Quand la béchamel commence à mijoter, elle s'épaissit. Une fois qu'elle a atteint la consistance d'une crème fraîche épaisse, retirez-la du feu et réservez-la.

Plongez les macaronis dans la casserole d'eau bouillante et faites-les cuire *al dente*, en respectant le temps indiqué sur le paquet.

Pendant ce temps, mettez la chapelure dans un bol avec la mozzarella restante et le thym séché. Assaisonnez avec du sel et du poivre, puis remuez bien.

Égouttez les macaronis et incorporez-les à la béchamel. Ajoutez la préparation à base de châtaignes et de lard, puis mélangez bien le tout. Garnissez un plat à gratin avec cet appareil. Saupoudrez la surface de chapelure à la mozzarella et au thym, puis enfournez à mi-hauteur pour 20 à 25 min de cuisson, ou jusqu'à ce que le gratin soit bouillonnant et bien doré en surface.

Index

al dente, pâtes 8
amandes
penne, épinards à la crème et chapelure aux amandes effilées 97-99
anchois
linguine aux moules et tomates rôties au rosé 108-109
ragù d'agneau au romarin et à la chapelure 160-162
ragù de jarret de bœuf au merlot 158-159
spaghettis à l'oignon et à l'anchois 144-146
spaghettis aux câpres et aux 30-31
anelli 13
bouillon au poulet et aux pleurotes 155-157
toast d'*anelli* 60
asperges
fregola aux légumes de printemps, poulet rôti au citron et au thym 152-154
salade de pâtes, asperges, cresson et *wensleydale* 28-29
tagliolini aux asperges, au pecorino et au citron 86-88
aubergines
bar entier et *ragù* d'aubergine aux olives de Kalamata 140-143
rigatoni aux aubergines « brûlées » 89-91

bar
bar entier et *ragù* d'aubergine aux olives de Kalamata 140-143
fregola au chorizo et aux tomates séchées avec du bar poêlé 72-73
broccolini
salade d'*orzo*, au poulet, au pesto et aux *broccolini* 124-127
saumon, *broccolini* et *orzo* pimenté cuits au four 100-101
bucatini 13
all'amatriciana 40-41
aux boulettes de porc et *'nduja* 116-117
burrata
trofie aux tomates San Marzano et à la burrata 130-131

cabillaud
sauce *puttanesca* rôtie avec du cabillaud poêlé 147-149
canard
ragù de canard croustillant à la vénitienne 166-168
cannelloni 13
cannelloni aux poireaux rôtis et au gorgonzola 134-136
câpres
bar entier et *ragù* d'aubergine aux olives de Kalamata 140-143
casarecce à la sardine et au citron « brûlé » 102-103
rigatoni au saumon fumé épicé, fenouil et mascarpone 68-69
spaghettis aux anchois et aux câpres 30-31
casarecce 13
à la sardine et au citron « brûlé » 102-103
cavatelli 13
au *cavolo nero* et au lard 42-43
cavolo nero
cavatelli au *cavolo nero* et au lard 42-43
champignons
bouillon au poulet et aux pleurotes 155-157
penne, champignons au marsala et chapelure beurre noisette 56-57
spaghettis aux cèpes 26-27
tagliatelles aux pleurotes, jambon cru croustillant et gruyère 74-77
châtaignes
macaronis au fromage, au lard, à la châtaigne et au thym 169-171
cheddar
macaronis au fromage, au lard, à la châtaigne et au thym 169-171
chou kale
rigatoni à la saucisse, au chou kale et au piment 82-83
choux de Bruxelles
orecchiette à l'effiloché de choux de Bruxelles 58-59
citrons
casarecce à la sardine et au citron « brûlé » 102-103
tagliolini aux asperges, au pecorino et au citron 86-88
citrons confits
orzo au citron confit et aux gambas 66-67
tagliatelles aux encornets mijotés et au citron confit 150-151
citrons verts
fusilli lunghi au crabe, citron vert et piment croustillant 64-65
conchigliette 13
salade de pâtes, asperges, cresson et *wensleydale* 28-29
courge butternut
pici à la courge butternut et au pecorino 132-133
courgettes
paccheri aux courgettes braisées, 54-55
trofie à la *pancetta*, à la courgette et au citron 80-81
crabe
crabe et *fusilli lunghi*, citron vert et piment croustillant 64–65
crème fraîche
bouillon au poulet et aux pleurotes 155-157
fettuccine à la *pancetta*, au porc et au fenouil 121-123
tagliatelles au saumon fumé et aux poireaux 36-37
tagliolini aux asperges, au pecorino et au citron 86-88
cresson
salade de *gemelli* au fromage de chèvre et à l'oignon rouge caramélisé 92-93
salade de pâtes, asperges, cresson et *wensleydale* 28-29
crevettes (voir gambas)

encornets
tagliatelles aux encornets mijotés et au citron confit 150-151
épinards
lasagnes aux épinards, à la *pancetta* et au *taleggio* 163-165
paccheri à la saucisse comme en Toscane 48-49
penne, épinards à la crème et chapelure aux amandes 97-99

fenouil
fusilli lunghi au crabe, citron vert et piment croustillant 64-65
mafalde au fenouil, saucisse et harissa 78-79
rigatoni au saumon fumé épicé, fenouil et mascarpone 68-69
feta
saumon au *zaatar*, oignon caramélisé et *orzo* à la feta 105-107
fettuccine 14
à la *pancetta*, au porc et au fenouil 121-123
fregola 14
au chorizo et aux tomates séchées avec du bar poêlé 72-73
aux légumes de printemps, poulet rôti au citron et au thym 152-154
fusilli lunghi 14
au crabe, citron vert et piment croustillant 64-65

gambas
linguine aux gambas et piment au d'Alep 32-33
orzo au citron confit et aux gambas 66-67
garganelli 14
gemelli 14
salade de *gemelli* au fromage de chèvre et à l'oignon rouge caramélisé 92-93
gnocchi sardi 14
oignons nouveaux rôtis, jambon cru italien et *gremolata* aux noix 113-115
salade de pâtes aux tomates rôties, à la mozzarella et au basilic 137-139
gorgonzola
cannelloni aux poireaux rôtis et au gorgonzola 134-136
gruyère
gnocchi sardi, oignons nouveaux rôtis, jambon cru italien et *gremolata* aux noix 113-115
orecchiette à la *pancetta* et au gruyère 44-45
tagliatelles aux pleurotes, jambon cru croustillant et gruyère 74-77

huile pimentée
fusilli lunghi au crabe, citron vert et piment croustillant 64-65
rigatoni à la saucisse croustillante, au poivron romano et au piment 110-112

jambon cru
gnocchi sardi, oignons nouveaux rôtis, jambon cru italien et *gremolata* aux noix 113-115
tagliatelles au jambon cru et aux petits pois 46-47
tagliatelles aux pleurotes, jambon cru croustillant et gruyère 74-77

lard
cavatelli au *cavolo nero* et au lard 42-43
macaronis au fromage, au lard, à la châtaigne et au thym 169-171
lasagnes 15
aux épinards, à la *pancetta* et au *taleggio* 163-165
linguine 15
aux gambas et piment au d'Alep 32-33
aux moules et tomates rôties au rosé 108-109
bar entier et *ragù* d'aubergine aux olives de Kalamata 140-143
macaronis 15
au fromage, au lard, à la châtaigne et au thym 169-171
mafalde 15
au fenouil, saucisse et harissa 78-79
mascarpone
orzo aux petits pois et jarret de porc croustillant 118-120
paccheri aux courgettes braisées, à la menthe et au mascarpone 54-55
rigatoni au saumon fumé épicé, fenouil et mascarpone 68-69
trofie à la *pancetta*, à la courgette et au citron 80-81
menthe
orzo aux petits pois, mascarpone et jarret de porc croustillant 118-120
paccheri aux courgettes braisées, au mascarpone et à la menthe 54-55
trofie à la *pancetta*, à la courgette et au citron 80-81
miel
spaghettis et tomates rôties au balsamique 52-53
trofie aux tomates San Marzano et à la burrata 130-131
moules
linguine aux moules et tomates rôties au rosé 108-109
tagliatelles safranées aux moules 70-71
mozzarella
macaronis au fromage, au lard, à la châtaigne et au thym 169-171
salade de pâtes aux tomates rôties, au basilic et à la mozzarella 137-139

'nduja
bucatini aux boulettes de porc et *'nduja* 116-117
noix
gnocchi sardi, oignons nouveaux rôtis, jambon cru italien et *gremolata* aux noix 113-115

oignons
saumon au *zaatar*, oignon caramélisé et *orzo* à la feta 105-107
spaghettis à l'oignon et à l'anchois avec une chapelure au gruyère 144-146
oignons rouges
salade de *gemelli* au fromage de chèvre et à l'oignon rouge caramélisé 92-93
olives
bar entier et *ragù* d'aubergine aux olives de Kalamata 140-143
salade de pâtes aux tomates rôties, à la mozzarella et au basilic 137-139
sauce *puttanesca* rôtie avec du cabillaud poêlé 147-149
orecchiette 15
à la *pancetta* et au gruyère 44-45
orzo 15
au citron confit et aux gambas 66-67
aux petits pois, mascarpone et jarret de porc croustillant 118-120
salade d'*orzo*, au poulet, au pesto et aux *broccolini* 124-127
saumon au *zaatar*, oignon caramélisé et *orzo* à la feta 105-107
saumon, *broccolini* et *orzo* pimenté cuits au four 100-101

paccheri 15
à la saucisse comme en Toscane 48-49
ragù de canard croustillant à la vénitienne 166-168
palourdes
spaghettis *alle vongole* fumés 38-39
pancetta
bucatini all'amatriciana 40-41
fettuccine à la *pancetta*, au porc et au fenouil 121-123
lasagnes aux épinards, à la *pancetta* et au *taleggio* 163-165
orecchiette à la *pancetta* et au gruyère 44-45
ragù d'agneau au romarin et à la chapelure 160-162
trofie à la *pancetta*, à la courgette et au citron 80-81
pappardelle 16
au beurre noisette et à la sauge 24-25
ragù d'agneau au romarin et à la chapelure 160-162
ragù de jarret de bœuf au merlot 158-159
penne 16
champignons au marsala et chapelure beurre noisette 56-57
épinards à la crème et chapelure aux amandes effilées 97-99
tomate, beurre 20-21
pesto à la pistache et au persil 23

petits pois
fregola aux légumes de printemps, poulet rôti au citron et au thym 152-154
orzo aux petits pois, mascarpone et jarret de porc croustillant 118-120
pici 16
à la courge butternut et au pecorino 132-133
pignons de pin
pesto à la pistache et au persil 22-23
salade d'*orzo*, au poulet, au pesto et aux *broccolini* 124-127
salade de *gemelli* au fromage de chèvre 92-93
piments
fregola au chorizo et aux tomates séchées avec du bar poêlé 72-73
rigatoni à la saucisse, au chou kale et au piment 82-83
saumon, *broccolini* et *orzo* pimenté cuits au four 100-101
spaghettis au thon, à la salicorne et au piment 34
tagliatelles aux encornets mijotés et au citron confit 150-151
tagliolini au rouget poêlé, piment et estragon 62-63
pistaches
pesto à la pistache et au persil 22-23
poireaux
bouillon au poulet et aux pleurotes 155-157
cannelloni aux poireaux rôtis et au gorgonzola 134-136
lasagnes aux épinards, à la *pancetta* et au *taleggio* 163-165
orzo aux petits pois, mascarpone et jarret de porc croustillant 118-120
tagliatelles au saumon fumé et aux poireaux 36-37
tagliolini aux asperges, au pecorino et au citron 86-88
poivrons
ragù d'agneau au romarin et à la chapelure 160-162
rigatoni à la saucisse croustillante, au poivron romano et au piment 110-112
rigatoni aux aubergines « brûlées » 89-91
porc
fettuccine à la *pancetta*, au porc et au fenouil 121-123
bucatini aux boulettes de porc et *'nduja* 116-117
orzo aux petits pois et jarret de porc croustillant 118-120
poulet
bouillon au poulet et aux pleurotes 155-157
fregola aux légumes de printemps, poulet rôti au citron et au thym 152-154
salade d'*orzo* au poulet, au pesto et aux *broccolini* 124-127

ragù
d'agneau au romarin et à la chapelure 160-162
de canard croustillant à la vénitienne 166-168
de jarret de bœuf 158-159
rigatoni 16
saucisse croustillante, poivron romano et piment 110-112
à la saucisse, au chou kale et au piment 82-83
au saumon fumé épicé, fenouil et mascarpone 68-69
aux aubergines « brûlées » 89-91
rouget
tagliolini au rouget poêlé, piment et estragon 62-63

salicorne
spaghettis au thon, à la salicorne et au piment 34
sardine
casarecce à la sardine et au citron « brûlé » 102-103
saucisse
mafalde au fenouil, harissa et 78-79
paccheri à la saucisse comme en Toscane 48-49
rigatoni à la saucisse croustillante, au poivron romano et au piment 110-112
rigatoni à la saucisse, au chou kale et au piment 82-83
saumon
au *zaatar*, oignon caramélisé et *orzo* à la feta 105-107
saumon, *broccolini* et *orzo* pimenté cuits au four 100-101
rigatoni au saumon fumé épicé, fenouil et mascarpone 68-69
tagliatelles au saumon fumé et aux poireaux 36-37
spaghettis 16
à l'oignon et à l'anchois avec une chapelure au gruyère 144-146
alle vongole fumés 38-39
au thon, à la salicorne et au piment 34
aux anchois et aux câpres 30-31
aux cèpes 26-27
et tomates rôties au balsamique 52-53
pesto à la pistache et au persil 22-23
sauce *puttanesca* rôtie avec du cabillaud poêlé 147-149

tagliatelles 16
au jambon cru et aux petits pois 46-47
au saumon fumé et aux poireaux 36-37
aux échalions caramélisés 94-96
aux encornets mijotés et au citron confit 150-151
aux pleurotes, jambon cru croustillant et gruyère 74-77
safranées aux moules 70-71
tagliolini 17
au rouget poêlé, piment et estragon 62-63
aux asperges, au pecorino et au citron 86-88
taleggio
lasagnes aux épinards, à la *pancetta* et au *taleggio* 163-165
thon
spaghettis au thon, à la salicorne et au piment 34
tomates
casarecce à la sardine et au citron « brûlé » 102-103
fregola au chorizo et aux tomates séchées avec du bar poêlé 72-73
linguine aux moules et tomates rôties au rosé 108-109
orzo au citron confit et aux gambas 66-67
paccheri à la saucisse comme en Toscane 48-49
penne, tomate, beurre 20-21
salade de pâtes à la mozzarella, au basilic et aux 137-139
spaghettis et tomates rôties au balsamique 52-53
tagliatelles aux encornets mijotés et au citron confit 150-151
toast d'*anelli* 60
trofie aux tomates San Marzano et à la burrata 130-131
trofie 17
à la *pancetta*, à la courgette et au citron 80-81
aux tomates San Marzano et à la burrata 130-131

wensleydale
salade de pâtes, asperges, cresson et fromage de Wensleydale 28-29

Remerciements

Je souhaite, tout d'abord, remercier toutes les personnes qui ont déjà lu et cuisiné une recette de The Monday Pasta Club. Sans vous, je ne serais pas là, à avoir écrit ce livre et réalisé l'un de mes rêves de toujours. Le soutien et l'aide que j'ai reçus grâce à The Monday Pasta Club m'ont donné la confiance de poursuivre ce rêve et de réaliser ce merveilleux livre de recettes. Je vous en serai éternellement reconnaissant.

Merci à Judith, mon éditrice chez Kyle Books, de m'avoir approché en ayant ce projet en tête. Sans vous et sans la confiance que vous aviez en moi, cet ouvrage n'aurait jamais vu le jour. Je souhaite aussi remercier Isabel, mon éditrice, qui a rendu l'expérience de l'écriture tellement agréable du début à la fin. Merci à Ola et à Martyna, sans oublier Troy, Esther, Anna et Nicky – toute l'équipe qui a travaillé sur les prise de vues et qui a donné vie à mes recettes d'une manière si merveilleuse. Merci à vous tous.

Je souhaite enfin remercier toutes les personnes incroyables que j'ai autour de moi. À ma famille et mes amis, merci pour votre soutien et pour votre compréhension de l'amour que je porte à la cuisine. Et bien sûr, merci à mon partenaire, qui est goûteur de pâtes en chef et le meilleur bras droit dont je puisse rêver. Je suis certain que le fait d'être entouré de personnes aussi merveilleuses a joué un rôle clé dans le parcours qui m'a poussé à l'écriture de ce livre.

Publié pour la première fois au Royaume-Uni en 2024 par Kyle Books, une filiale du groupe Octopus Publishing Group Limited sous le titre
The Monday Pasta Club : 60 easy pasta recipes for every occasion.

58, rue Jean Bleuzen – 92178 Vanves Cedex

Direction Hachette pratique : Catherine Saunier-Talec
Responsable éditoriale : Lisa Grall
Éditrice : Maïa Biegatch
Traduction et mise en pages : Delphine Hurier-Michaud
Relecture : Mélanie Rébillaud
Fabrication : Amélie Latsch

Dépôt légal : octobre 2024

39-0724-5
ISBN : 978-2-01-726630-3

Imprimé en Chine

MIXTE
Papier | Pour une gestion forestière responsable
FSC® C008047
FSC www.fsc.org